本书由教育部人文社会科学研究青年基金项目“内、外部利益相关者视角下的公司品牌研究：概念、维度和作用机制”（项目编号：14YJC630167）、北方工业大学青年拔尖项目“基于互联网的品牌创新研究”（项目编号：XN018037）、新疆维吾尔自治区普通高等学校人文社会科学基地基金项目“新疆纺织企业竞争力研究”（项目编号：050215C01）、北方工业大学优势学科项目、人才培养质量建设－双培计划新兴专业建设－互联网物流（专项代码16013－3）资助出版

消费者视角下的国家品牌

杨一翁◎著

知识产权出版社
全国百佳图书出版单位

图书在版编目（CIP）数据

消费者视角下的国家品牌/杨一翁著. —北京：知识产权出版社，2017. 3
（工商管理学术文库）
ISBN 978-7-5130-4802-6

Ⅰ. ①消… Ⅱ. ①杨… Ⅲ. ①品牌战略—研究 Ⅳ. ①F272. 3

中国版本图书馆 CIP 数据核字（2017）第 051048 号

内容提要

在《中国制造 2025》与“一带一路”的政策背景下，中国需要国家营销战略，以打造“中国”这个强势品牌。从消费者视角看，国家品牌主要影响消费者的产品购买与出境旅游决策。本书结合 ABC 态度模型、理性行为理论和光环-汇总效应模型，构建与检验了高介入产品购买决策（购买汽车）、有限型产品购买决策（购买运动鞋）和体验型决策（出境旅游）模型。本书在理论上进一步丰富了国家品牌理论，扩展了 ABC 态度模型、理性行为理论和光环-汇总效应模型在国家品牌研究领域的应用；同时在实践上为汽车、运动鞋和旅游等行业的跨国公司与管理机构提供理论指导。

责任编辑：江宜玲　　**责任校对**：潘凤越
装帧设计：京华诚信　　**责任出版**：刘译文

工商管理学术文库

消费者视角下的国家品牌

杨一翁◎著

出版发行：知识产权出版社有限责任公司　　**网　　址**：http：//www. ipph. cn
社　　址：北京市海淀区西外太平庄 55 号　　**邮　　编**：100081
责编电话：010-82000860 转 8339　　**责编邮箱**：jiangyiling@cnipr. com
发行电话：010-82000860 转 8101/8102　　**发行传真**：010-82000893/82005070/82000270
印　　刷：三河市国英印务有限公司　　**经　　销**：各大网上书店、新华书店及相关专业书店
开　　本：720mm×1000mm　1/16　　**印　　张**：8
版　　次：2017 年 3 月第 1 版　　**印　　次**：2017 年 3 月第 1 次印刷
字　　数：136 千字　　**定　　价**：36.00 元
ISBN 978-7-5130-4802-6

献给我的家人，你们是我前进的最大动力！

前　言

2015年5月，国务院发布《中国制造2025》，提出要从战略高度提高“中国制造”的整体形象。各界积极行动，中国国家形象宣传片震撼亮相纽约时代广场；“中国制造，世界合作”广告传遍BBC、CNN等国际主流媒体；国内学者疾呼“中国需要国家营销战略”，以打造“中国”这个强势国家品牌。在各界努力下，“中国制造”近几年取得了举世瞩目的进步，在国际著名咨询公司FutureBrand公布的“Made in”排行榜上迅速攀升到第九位。我们可以自豪地宣称，“中国制造”不再是“价低质次”的代名词！

以上背景引发了学者们对国家品牌（country brand）的浓厚研究兴趣。“现代营销之父”科特勒（Philip Kotler）在1993年率先提出国家可作为品牌，国家品牌的内涵比我们常见的“原产国”（country of origin）更丰富，强势的国家品牌能吸引旅游与商务接待市场；吸引、保留、扩展和创造本地商务活动；扩大出口与吸引海外投资；吸引居住者等。从消费者视角来看，国家品牌主要影响消费者的产品购买决策与旅游目的地选择决策。

国家品牌研究最早可追溯到斯库勒（Schooler）于1965年对原产国效应的探索。学者们认为，国家品牌是一个内涵丰富的概念，从整体国家、整体产品和类别产品三个层面来看，国家品牌包括国家形象、“Made in”形象和品类形象。与此同时，基于态度理论，学者们指出，国家品牌还包括认知与情感两个方面。然而，很少有研究结合国家品牌的三个层面与两个方面，全面地探索国家品牌对消费者产品购买决策与旅游目的地选择决策的影响。

笔者将ABC态度模型、理性行为理论和光环–汇总效应模型引入国家品牌研究领域，构建高介入产品购买决策（购买汽车）、有限型产品购买决策（购买运动鞋）和体验型决策模型（出境旅游）。使用问卷调查法，在线上、线下收集数据，运用结构方程模型、调节效应和中介效应分析等分析数据，从而得出研究结论。

本书在理论上进一步丰富了国家品牌理论，进一步扩展了 ABC 态度模型、理性行为理论和光环－汇总效应模型在国家品牌研究领域的应用；同时在实践上为汽车、手机、电脑、鞋靴、服饰、箱包和旅游等行业的跨国公司与管理机构，以及政府的国际营销管理提供理论指导。

自从攻读博士学位以来，笔者一直聚焦于品牌研究领域，至今已近八年时间，探索过品牌全球化、公司品牌和品牌管理等研究领域。近两年，笔者重点关注国家品牌，之前已发表相关学术论文五篇，本书是笔者以上努力的结晶。笔者未来的研究兴趣在于目的地品牌与品牌创新。

杨一翁

2017 年 2 月于北京西山北方工业大学

目　　录

第一章　绪　　论

第一节　研究背景

一、现实背景

想与热恋中的女友来一场浪漫的烛光晚餐的你，是否正在精挑细选一瓶来自法国的红酒？想给老公一次结婚十周年纪念日惊喜的你，是否正在为购买一款来自瑞士的名表而货比三家？刚刚升职事业有成的你，是否想任性地买一辆来自德国的跑车？在竞争激烈化、产品同质化和价格战频繁化的当今国际竞争环境下，国家品牌（country brand）对消费者决策的作用日显重要。正如诺贝尔经济学奖得主、世界品牌实验室主席罗伯特·蒙代尔教授所言，“中国正在实施‘一带一路’战略，这对提升中国的国家品牌具有正面作用。一个国家的整体品牌形象作为一种战略性竞争资源，越来越受到各国政治与商业首脑的重视。如美国、法国和德国等国的跨国公司在全球营销过程中，往往能享受到因国家品牌所带来的溢价”。

然而，中国的国家品牌却亟待提升。在 FutureBrand 品牌咨询公司发布的 Country Brand Index 2014—2015 年排行榜上，中国仅列第 28 位；在 2014 年的 Anholt - GfK Roper Nation Brands Index 榜单上，中国也只位于第 23 位。中国在两大国际权威的国家品牌排行榜上的排名均不高，这与中国世界第一制造大国与第二大经济体的身份不符。

为提升中国的国家品牌，国务院于 2015 年 5 月发布《中国制造 2025》，要把我国从当前的“制造大国”建设成未来的“制造强国”。其中，强调要“充分发挥各类媒体作用，加大中国品牌宣传推广力度，树立中国制造品牌良好形象”。2016 年 3 月，国务院总理李克强在做政府工作报告时再次强调要“打造中国制造金字品牌”。这表明中国政府充分意识到提升“中国制造”整体形象的重要性，并已开始行动。2011 年 1 月，由国务院新闻办公室发起，高小龙导演，李嘉诚、姚明和袁隆平等中国各界名人参与拍摄的中国国家形象宣传片亮相纽约时代广场。2009 年 11 月，中国商务部向 CNN 与 BBC 等国际主流媒体发布宣传“中国制造，世界合作”理念的 30 秒广告。这标志着中国国家营销时代的到来。在此背景下，学术界积极响应，学者们疾呼“中国需要国家营销战略”（郑毓煌，2015），以打造“中国”这个强势国家品牌。

二、理论背景

由于在实践中的重要性，国家品牌成为国内外品牌学界新的研究热点。国家品牌研究最早可追溯到学者在 1965 年对原产国效应的探索（Schooler, 1965）。原产国（country of origin）的概念来源于国际贸易中的“原产地”，指产品的生产制造地（庄贵军，等，2006）。后来随着跨国公司生产制造的全球化，一款产品由发达国家设计、发展中国家制造与组装，最终打上发达国家的品牌的现象越来越普遍，原产国的概念进一步细分为设计国、制造国、组装国和品牌起源国等（FutureBrand，2014）。

相比于原产国，国家品牌的概念提出较晚。科特勒等（Kotler et al.，1993）首先提出国家可作为品牌，并建议从国家形象的角度研究国家品牌。国家形象（country image）指：“人们持有的对某个国家的信念与印象的总和。”（Kotler，Gertner，2002）国家形象涉及国际关系、政治和传播等多个领域，也涉及国际商务与营销；而国家品牌聚焦于国际商务与营销（刘瑞旗，李平，2012）。咨询公司与学者们从整体国家层面来定义国家品牌，认为国家品牌指：“一个国家的整体形象，包括政治、经济、历史和文化等维度。”（Anholt，2002；Fetscherin，2010；FutureBrand，2014）国家品牌的内涵比原产国更丰富，原产国主要影响消费者的产品购买决策；而国家品牌不仅影响消费者的产品购买决策（进而影响出口），还影响招商引资，以及吸引游客（旅游目的地选择）、移民、人才和留学生等（Fetscherin，2010；FutureBrand，2014；Kotler，Gertner，2002）。

本书从消费者视角研究国家品牌，除了一般意义上的消费者以外，游客也是一种特殊类型的消费者（张宏梅，蔡利平，2011）。因此，本书研究国家品牌对消费者产品购买决策与旅游目的地选择决策的影响，并将之定义为国家品牌效应（country brand effect）。

早期的研究分别从产品层面（Nagashima，1970）与国家层面（Martin，Eroglu，1993）来定义国家品牌，并分别探索了这两个层面对消费者产品购买决策的影响。后来，有研究指出，应从三个层面来更细致、更全面地定义国家品牌，即整体国家、整体产品和类别产品层面，并探索了这三个层面对消费者产品购买决策的共同影响（Hsieh et al.，2004）。最近，学者们提出，国家品牌不仅包括三个层面，还包括两个方面，即认知与情感，并探索了这两个方面对消费者产品购买决策的共同影响（Li et al.，2014；Wang et al.，2012）。

可见，国家品牌研究一直在推进，但现有研究仍存在如下局限性。

第一，近几年，学者们开始关注整体国家层面的认知与情感对消费者产品购买决策的共同影响（Li et al.，2014；Wang et al.，2012），但未区分类别产品层面的认知与情感。因此，有必要结合国家品牌的三个层面与两个方面，以更全面地探索国家品牌效应。

第二，当进行不同类型的决策时，消费者可能启动不同的思维模式，其对国家品牌的认知、情感和行为之间的关系可能是不同的（Roth，Diamantopoulos，2009）。少量研究对该观点进行了部分验证（Li et al.，2014；Wang et al.，2012），但分析不够全面。ABC 态度模型（Solomon，2015）认为：当进行标准学习、低介入和体验层级三种不同类型的决策时，消费者的认知、情感和行为之间的关系是不同的。很少有研究基于 ABC 态度模型来全面地探索国家品牌效应。此外，基于光环－汇总效应模型（Han，1989），当消费者进行不同类型的决策时，国家品牌的三个层面之间的关系，以及它们对消费者决策的影响可能是不同的，很少有研究对此进行验证。最后，基于理性行为理论（Fishbein，Ajzen，1975），消费者态度（对国家品牌的认知与情感）会和主观规范一起影响其行为意向及行为吗？鲜有研究回答该问题。

第三，现有研究大多是在国际营销与旅游营销两个领域内，分别探索国家形象对消费者产品购买决策的影响，以及旅游目的地形象对游客旅游目的地选择决策的影响（张静儒，等，2015）。很少有研究探索国家形象与旅游目的地形象之间的关系，以及两者对游客旅游目的地选择决策的共同影响。此外，基于理性行为理论（Fishbein，Ajzen，1975），除了消费者对国家品牌的态度以外，主观规范也影响消费者的行为意向及行为。那么，在国际营销中与国家品牌相关的主观规范会影响游客旅游目的地的选择决策吗？探索该问题的研究凤毛麟角。

针对现有研究的局限性，笔者结合 ABC 态度模型、理性行为理论和光环－汇总效应模型，构建高介入产品购买决策模型、有限型产品购买决策模型和体验型决策模型，以揭示以下规律：第一，国家品牌的三个层面之间的关系，以及它们对消费者决策的影响；第二，消费者对国家品牌的三个层面的认知、情感和行为之间的关系；第三，消费者态度（对国家品牌的认知与情感）和主观规范对其行为意向及行为的影响。

第二节　研究意义

一、理论意义

第一，少量研究认为整体国家层面上的国家品牌应区分为认知国家形象与情感国家形象。在此基础上，笔者进一步提出，类别产品层面上的国家品牌也应区分为认知品类形象与情感品类形象。基于此，笔者结合国家品牌的三个层面（整体国家、整体产品和类别产品层面）与两个方面（认知与情感），更全面地探索国家品牌对消费者决策的影响。此外，笔者不仅探索国家品牌对消费者产品购买决策的影响，还探索国家品牌对游客旅游目的地选择决策的影响。以上将进一步丰富国家品牌理论。

第二，ABC 态度模型、理性行为理论和光环－汇总效应模型在单独解释国家品牌效应时各有局限性。基于此，结合以上三种理论，本书探索了如下三个问题：①国家品牌的三个层面之间的关系，以及它们对消费者决策的影响；②消费者对国家品牌的三个层面的认知、情感和行为之间的关系；③消费者态度（对国家品牌的认知与情感）和主观规范对其行为意向及行为的影响。对以上三个问题的研究，将进一步扩展ABC态度模型、理性行为理论和光环－汇总效应模型在国家品牌研究领域的应用。

二、实践意义

第一，当进行不同类型的决策时，消费者可能启动不同的思维模式。借鉴本书的研究结论，不同行业的跨国公司能够更有针对性地开展国际营销活动。

第二，当进行不同类型的决策时，消费者态度的形成与改变的方式不同（Hoyer et al.，2012）。借鉴本书的研究结论，不同行业的跨国公司能更高效地利用有限的资源，以影响消费者的认知性与情感性态度，并更好地预测消费者行为。

第三，当消费者进行不同类型的决策时，国家品牌的三个层面之间的关系，以及它们对消费者决策的影响可能不同。借鉴本书的研究结论，政府、产业集群和跨国公司能进一步优化资源配置，以更好地利用国家品牌的杠杆作用。

第三节　研究方案

本书的技术路线图如图1－1所示。

一、文献研究

笔者以国家品牌（country brand）、原产国（country of origin）、国家形象（country image）、目的地形象（destination image）和消费者敌意（consumer animosity）等为关键词，主要使用Google Scholar与百度学术搜索引擎，以及Emerald、JSTOR、ScienceDirect Online、Springer Link、Taylor & Francis、EBSCO和中国知网等数据库，检索出文献150余篇，其中英文文献100篇左右。

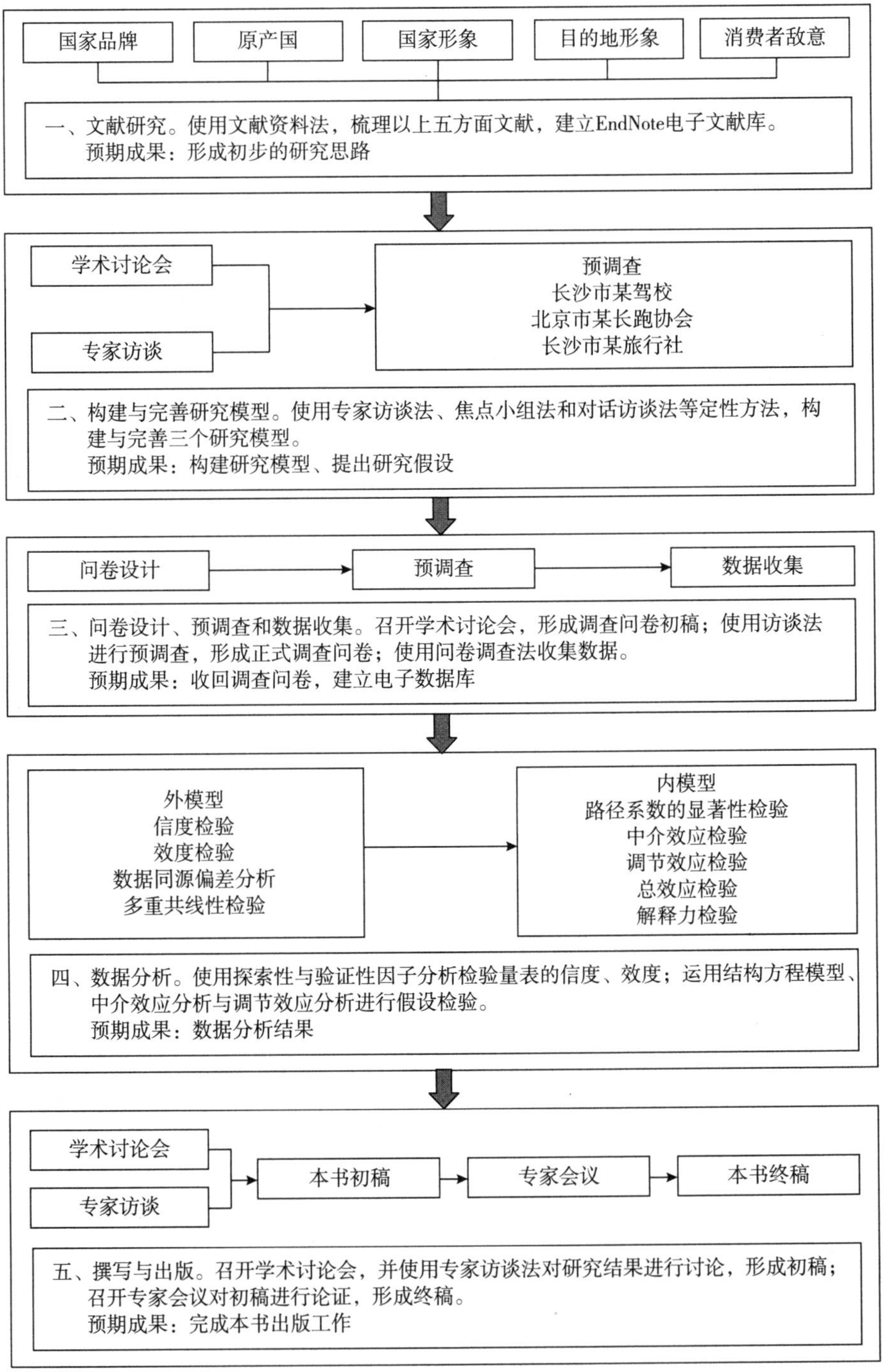

图 1-1　本书的技术路线图

笔者对这些文献进行了打印与阅读，并使用 EndNote 软件建立电子资料库，以便随时调用与查阅文献。笔者对其中 30 余篇最经典的文献进行了全文精读、反复阅读和翻译；精读了 70 余篇文献的摘要、引言、文献综述和结论部分；对其余文献至少阅读了摘要部分。

在此基础上，笔者已完成五篇与国家品牌相关的论文的撰写与发表，其中包括：国家社科基金资助期刊论文一篇、CSSCI 期刊论文两篇、核心期刊论文一篇、ISTP 检索论文一篇。这些研究成果在本研究领域内形成了一定的积淀。

二、构建与完善研究模型

1. 学术讨论会

在文献研究的基础上，笔者定期召开学术讨论会。学术讨论会的成员主要有：笔者所在高校的同事、笔者的博士生导师、笔者的合作研究者，以及笔者指导的学生等。学术讨论会的一般形式为：首先，笔者使用 PPT 报告项目的最新进展；其次，各位参与者提问；最后，使用头脑风暴法进行综合讨论。通过多次学术讨论会，笔者对初步的研究思路进行了完善。

基于学术讨论会的结果，笔者初步构建了高介入产品购买决策模型、有限型产品购买决策模型和体验型决策模型，并认为：汽车购买决策为高介入产品购买决策；运动鞋购买决策为有限型产品购买决策；出境旅游决策为体验型决策。

2. 专家访谈

笔者在前期已参加过多次高水平的学术会议，如 JMS 中国营销科学学术年会、营销科学与应用国际论坛、中国高校市场学研究会学术年会和中国企业管理案例与质性研究论坛等。与会期间，笔者对多位国内外知名专家进行了深度访谈，就本书的研究思路与研究模型进行了深入交流。

3. 预调查

笔者结合焦点小组法与对话访谈法进行预调研工作，具体在如下三个地点展开。

（1）长沙市某驾校。由于笔者有亲戚在长沙市某驾校担任校长，因此，笔者有机会进入该驾校进行为期半个月的调查。驾校的学员是汽车的潜在购买者，笔者发现：绝大部分学员对汽车购买决策的介入度都很高。首先，学员们会广泛地收集信息以建立自己对各个汽车品牌的认知；其次，学员们会评价各个品牌并形成自己对各个品牌的感受（情感）；最后，学员们会选择他们最喜欢的汽车品牌进行购买（行为）。根据调查结果，笔者对最初构建的研究模型进行了完善，并最终形成高介入产品购买决策模型。

（2）北京市某长跑协会。由于笔者有多位朋友是北京市某长跑协会的资深会员，因此，笔者有机会对已购买与体验过跑鞋的新入会会员进行为期半个月的调查。之所以选择新入会会员作为调查对象，是因为资深会员对跑鞋非常在意，购买跑鞋对他们来说是高介入决策。而新入会会员对跑鞋购买决策的介入度相对较低：一开始他们并没有对各个跑鞋品牌形成强烈的偏好，而是在对各个品牌仅有有限了解（认知）的情况下就进行购买（行为），且他们的信息收集大多在商店里（而不是在购买前）进行。在购买与体验后，他们才会形成自己对各款跑鞋的感受与偏好（情感）。这是一种较典型的有限型决策（Solomon，2013）。根据调查结果，笔者对最初构建的研究模型进行了完善，并最终形成有限型产品购买决策模型。

（3）长沙市某旅行社。由于笔者有多位亲戚是长沙市某旅行社的资深会员，因此，笔者有机会进入该旅行社进行为期半个月的调查，调查对象为之前有过出境旅游经历的消费者。笔者发现：很多消费者一开始对某个特定旅游目的地不是太了解，仅仅因为自己喜欢该目的地（情感）就决定去旅游，在亲身旅游体验（行为）之后，才会形成对该目的地的认知（如当地人民是否友好、该地是否好玩、各种旅游设施是否齐备等）。这是较为典型的体验型决策（Solomon，2015）。根据调查结果，笔者对最初构建的研究模型进行了完善，并最终形成体验型决策模型。

三、问卷设计、预调查和数据收集

1. 问卷设计

笔者构建的三个研究模型中的所有构面均有成熟的量表可以借鉴，量表中具体问项的来源参见后续相应章节中的“问卷设计”部分，此处省略。笔者将上述测量问项整理成三套测量问卷（分别面向高介入产品购买决策、有限型产品购买决策、体验型决策），并召开学术讨论会，对每一个测量问项进行逐一审核、讨论和修改，从而得到调查问卷初稿。

2. 预调查

使用调查问卷初稿，笔者进行预调查，主要在如下几个地点进行：

（1）各大汽车品牌在北京市的4S店聚集区。包括：海淀区闽庄、杏石口、石景山区古城、朝阳区来广营、丰台区肖村桥、昌平区回龙观、新亚运村汽车市场和亦庄经济开发区等。调查中国消费者的汽车购买决策。

（2）北京某长跑协会。调查中国消费者对运动鞋的购买决策。

（3）康辉旅行社北京市东四十条门市部。调查中国消费者的出境旅游决策。

针对三个研究模型，笔者各至少收集了30份问卷。笔者根据预调查的情况对调查问卷进行完善，形成正式调查问卷。

3. 数据收集

笔者使用问卷调查法（陈晓萍，等，2012）进行数据收集。

（1）高介入产品购买决策模型。笔者以汽车的潜在购买者与实际车主为调查对象进行问卷调查。问卷调查的地点为北京市的多所驾校、日本汽车品牌在北京的多家4S店和顺义北京国际汽车展览会等。

（2）有限型产品购买决策模型。笔者通过在线问卷调查平台“问卷星”创建与发布问卷，并将问卷分享到笔者的各种微信群，调查对象锁定为日本运动鞋的实际购买与体验者。

（3）体验型决策模型。笔者以有过赴日旅游经历的消费者为调查对象进行问卷调查。问卷调查的地点为北京市的多家旅行社（中青旅、海洋国际旅行社、众信国际旅行社和康辉旅行社等），以及首都国际机场候机楼等。

数据收集过程详见第三章至第五章中的“数据收集”部分。

四、数据分析

数据分析主要运用SmartPLS v. 3. 2. 6软件、SPSS 18. 0软件。

1. 外模型

在偏最小二乘结构方程模型（Partial Least Squares Structural Equation Modeling，PLS－SEM）中，指标变量与潜在构面之间的关系称为外模型。笔者主要进行信度检验、效度检验、数据同源偏差分析和多重共线性检验（Hair et al.，2014；黄敏学，等，2015；萧文龙，2014）。

2. 内模型

在 PLS - SEM 中，潜在构面之间的关系称为内模型。笔者主要进行路径系数的显著性检验、中介效应检验、调节效应检验、总效应检验和解释力检验（Hair et al.，2014；温忠麟，等，2012；萧文龙，2014）。

五、撰写与出版

笔者召开学术讨论会，对数据分析结果进行讨论，在此基础上形成研究结论。笔者积极参加国内外学术会议与学术交流活动，报告研究结论，并就研究结论对相关专家进行访谈，以进一步完善本书的各方面内容。基于此，笔者撰写本书初稿。之后，笔者召开专家会议，对本书初稿进行论证，从而完成本书终稿，并在编辑的协助下完成本书的出版工作。

第二章　文献综述

第一节　国家品牌的概念

国家品牌研究最早可追溯到学者关于原产国效应（country of origin effect）的探索（Schooler，1965）。原产国（country of origin）的概念源于国际贸易中的“原产地”，指产品的生产制造地（庄贵军，等，2006）。后来随着跨国公司生产制造的全球化，某产品由发达国家设计，由发展中国家制造与装配，而最终打上发达国家的品牌的现象越来越普遍。如每一部 iPhone 手机的背面都注明了 iPhone 是由位于美国加利福尼亚的苹果公司所设计，但 iPhone 的各个零部件却是由分散在全球各地的制造商所制造，并最终主要在中国组装。与之相应，原产国的概念日益丰富，一系列相关概念应运而生，如设计国（country of design）、制造国（country of manufacture）、组装国（country of assembly）和品牌起源国（brand origin）等（FutureBrand，2014）。

原产国指产品来自的国家或地区，是客观的；而学者们更关注消费者对这些国家或地区的主观感觉、印象或态度，进而提出原产国形象（country of origin image）的概念，即“消费者对某国家或地区的整体感知”（孙丽辉，郑瑜，2009）。在此基础上，有研究进一步指出消费者对某一国家或地区的整体感知会影响其对来自该国的产品的评价，进而影响其消费行为，并基于这一思路提出原产国效应的概念，即“消费者基于他们心目中业已形成的关于某国家或地区的整体感知，来推断与评价来自该国的产品相关信息”（Han，1990；Martin，Eroglu，1993；Pappu，Quester，2010；Roth，Romeo，1992；王海忠，等，2007）。

相比于原产国，国家品牌（country brand）的概念提出较晚。科特勒等（Kotler et al.，1993）首先提出国家可作为品牌，并建议从国家形象的角度探讨国家品牌。国家形象（country image）指："人们持有的对某个国家的信念与印象的总和。"（Kotler，Gertner，2002）国家形象涉及国际关系、政治和传播等多个领域，也涉及国际商务与营销；而国家品牌聚焦于国际商务与营销（刘瑞旗，李平，2012）。

FutureBrand 品牌咨询公司认为国家品牌可理解为"一个国家的特征与声誉的总和"（FutureBrand，2014）。其发布的 Country Brand Index 2014—2015 年从价值体系（value system）、生活质量（quality of life）、商业潜力（business potential）、传统与文化（heritage and culture）、旅游（tourism）和制造（made in）六个联想维度来评价国家品牌。安霍尔特（Anholt，2002）定义国家品牌为"一个国家的整体形象，包括政治、经济、历史和文化等维度"。*The Anholt - GfK Roper Nation Brands Index 2014* 报告从出口（export）、移居（immigration）、旅游（tourism）、人民（people）、文化（culture）和治理（governance）六个维度来评价国家品牌。菲特谢林（Fetscherin，2010）认为国家品牌指"一个国家的整体形象，包括政治、经济、社会、环境、历史和文化等方面"，并指出：国家品牌可从出口（export）、旅游（tourism）、外国直接投资（foreign direct investments）、移居（immigration）和治理环境（government environment）五个维度来测量。

小结以上，咨询公司和学者们从整体国家层面定义国家品牌，认为国家品牌指："一个国家的整体形象，包括政治、经济、历史和文化等维度。"国家品牌影响一个国家出口（包括产品购买）、招商引资，以及吸引游客、移民、人才和留学生等。

国家品牌的内涵比原产国更丰富，原产国主要影响消费者的产品购买决策；国家品牌不仅影响消费者的产品购买决策（进而影响该国的出口），还影响该国在吸引外国投资、商业、移居（生活、工作或学习）、人才和旅游等方面的能力（Fetscherin，2010；FutureBrand，2014；Kotler，Gertner，2002；Puppu，Quester，2010；Roth，Diamantopoulos，2009）。本书研究国家品牌对消费者决策的影响，除了一般意义上的消费者以外，游客也是一种特殊类型的消费者（张宏梅，蔡利平，2011），因此，本书研究国家品牌对消费者产品购

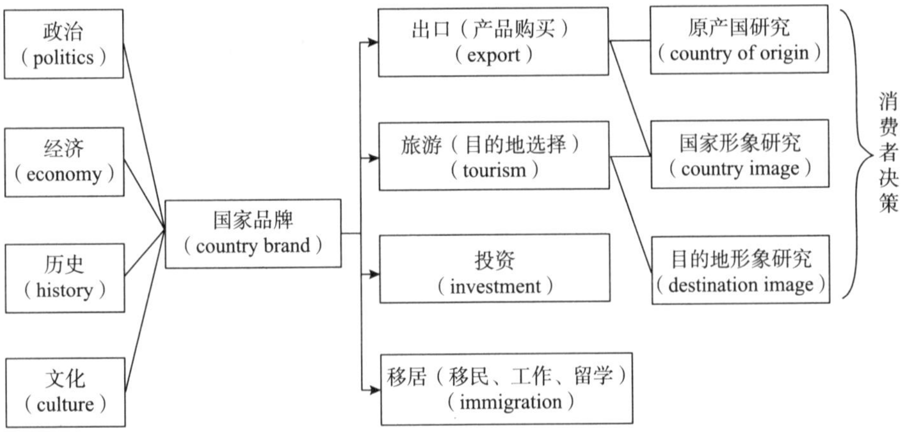

图 2－1　国家品牌的维度、影响和涉及的研究领域

注：本图系笔者根据相关文献绘制而成。

买与旅游目的地选择决策的影响。本书涉及原产国、国家形象和目的地形象三个研究领域（见图 2－1）。下面基于这三个研究领域的文献探讨国家品牌的三个层面与两个方面。

第二节　国家品牌的三个层面与两个方面

一、国家品牌的三个层面

科特勒等（Kotler et al.，1993）最早探讨了国家品牌化（country branding）的话题。学者们认为，国家品牌是一个复杂、多维度和多层面的概念（见表 2－1）。

表 2－1　国家品牌的主要定义

文　献	定　义
Fan（2006）	一个国家的整体形象，包括政治、经济、历史和文化维度。该概念是国家层面的、多维度的和情境相关的
Dinnie（2008）	独特的、多维度的元素的混合，它为该国的所有目标受众提供了基于文化的差异性与相关性

续表

文　献	定　义
Fetscherin（2010）	国家品牌属于公共领域。它是一个复杂的概念，包括多个层面、成分和学科。它需要其必须吸引的多方利益相关者的共同参与。它关注于一个国家的整体形象，包括政治、经济、社会、环境、历史和文化等方面。国家品牌化的主要目标是刺激出口、吸引旅游、投资和移民，并创造积极的国际感知与态度
FutureBrand（2014）	一个国家的特征与声誉的总和，包括价值体系、生活质量、商业潜力、传统与文化、旅游、制造六大联想维度
Joseph（2016）	由众多元素多层次、全方位融合而成，这些元素包括国家的地理、历史、多样化的文化元素、名人、时事新闻，以及产品与服务等
刘瑞旗，李平（2012）	一个国家的文化个性、历史脉络、生活方式等被世界人民所认识的共同特征

因为国家品牌包含多个层面、多个维度，是一个复杂的概念，所以国家品牌至今尚未得到广泛认可的明确定义。学者们建议从整体国家、整体产品和类别产品三个层面来探讨国家品牌的概念（Li et al.，2014；Parameswaran，Pisharodi，1994；杨一翁，等，2016）。

1. *整体国家层面的国家品牌*

下列研究从整体国家层面来定义国家品牌（见表2－2）：

表2－2　整体国家层面的国家品牌的定义

文　献	定　义
Bannister和Saunders（1978）	广义的形象，由代表性产品、经济与政治成熟度、历史事件与关系、传统、工业化水平和技术的精湛程度组成
Desborde（1990）	消费者心中对某个国家的整体印象，该印象是由该国的文化、政治体制、经济与技术发展水平所传达的
Martin和Eroglu（1993）	消费者持有的对某个特定国家的所有描述性、推断性和信息性信念的总和，包括政治、经济和技术三大维度
Kotler等（1993）； Kotler和Gertner（2002）	人们持有的关于地方的信念与印象的总和。形象代表与某个地方相关的大量联想与信息片段的简化。它们是人的心智试图从关于某个地方的大量数据中处理与挑选出关键信息的产物

续表

文　献	定　义
Allred 等（1999）	组织与消费者持有的对某个国家的感知或印象。这种对某个国家的印象或感知是基于该国的经济状况、政治结构、文化、与其他国家的冲突、劳动条件和在环境问题上的立场
Verlegh 和 SteenKamp（1999）	某个国家的人民、产品、文化和国家符号的心理表征。产品－国家形象包含广泛共享的文化刻板印象
Verlegh（2001）	与某个国家相关的情感与认知联想的心智网络

在上述研究中，马丁和艾尔奥古（Martin，Eroglu，1993）的研究极具代表性。两位学者认为：首先，国家形象可能是对某个国家直接体验的结果，如到该国旅游；其次，国家形象也受到外部信息源的影响，如广告或口碑传播等；最后，国家形象也能从过去的体验（如使用来自特定国家的产品）推断而来。

马丁和艾尔奥古（Martin，Eroglu，1993）进一步指出，整体国家形象由三个维度构成：政治、经济和技术。两位学者使用 7 点语义差异量表来测量以上三个维度，具体问项如下：

（1）政治。①民主的体制—专制的体制；②资本主义制度—共产主义制度；③平民政府—军事政府；④亲西方的—亲共产主义的；⑤自由市场体制—中央计划体制。

（2）经济。①生活水平高—生活水平低；②稳定的经济环境—不稳定的经济环境；③产品质量好—产品质量差；④有福利系统—无福利系统；⑤高人力成本—低人力成本。

（3）技术。①工业化水平高—工业化水平低；②高水平的技术研究—低水平的技术研究；③高识字率—低识字率；④大规模生产产品—手工制造产品。

有学者指出：除了政治、经济和技术三个维度，整体国家形象还包括文化、历史等维度（Roth，Diamantopoulos，2009；杨一翁，等，2016）。

借鉴以上研究，笔者将整体国家层面上的国家品牌界定为“国家形象”，指“消费者持有的对一个国家的所有描述性、推论性和信息性的信念及感知的总和”，包括政治、经济、历史、文化和技术等维度。

本书主要研究国家品牌对消费者产品购买决策的影响，故国家品牌不仅包括整体国家层面，还包括整体产品层面与类别产品层面（Hsieh et al.，2004；Parameswaran，Pisharodi，1994；Roth，Diamantopoulos，2009）。

2. 整体产品层面的国家品牌

消费者对国家的联想既来自国家层面，也来自产品层面（Pappu，Quester，2010）。笔者将整体产品层面的国家品牌的主要定义整理如表2－3所示。

表2－3　整体产品层面的国家品牌的定义

文　献	定　义
Nagashima（1970）	形象意味着想法、情感背景，以及与此概念相关的内涵。因此，“制造”形象是商人与消费者对来自某个特定国家的产品所形成的图像、声誉和刻板印象
Han（1989）	消费者对特定国家制造的产品质量的整体感知
Roth和Remeo（1992）	消费者基于他们对某个国家的生产与市场营销的优势与劣势的感知，而形成的对来自该国的产品的整体感知
Bilkey（1993）	购买者对不同国家生产的产品与服务的相对质量的评价

由表2－3可知，整体产品层面的国家品牌指，消费者对来自某个国家的产品在整体上的认知，这与学者提出的“制造形象”（“Made in” image）十分类似（Nagashima，1970；1977）。长岛分别于1970年、1977年开展的两项研究是探索整体产品形象的代表之作（Nagashima，1970；1977）。

长岛（Nagashima，1970）认为“制造形象”指：消费者对来自某个特定国家的产品所形成的图像、声誉和刻板印象。这一概念反映了消费者对来自某个国家的产品在整体上的态度，是一种整体产品形象。整体产品形象由代表性产品、国家特征、经济与政治环境、历史和传统等创造（Nagashima，1970）。

长岛（Nagashima，1970）进一步指出，整体产品形象由五个维度构成，即价格与价值、服务与工程、广告与声誉、设计与式样、消费者特征，并使用7点语义差异量表来测量以上五个维度。具体问项如下：

（1）价格与价值。①便宜的—昂贵的；②价格合理—价格不合理；③可靠的—不可靠的；④奢侈品—必需品；⑤独有的—普通的；⑥重工业制品—轻工业制品。

（2）服务与工程。①认真细致的工艺—不那么认真细致的工艺；②技术先进—技术落后；③大规模生产—手工制造；④世界范围内经销—主要在国内经销；⑤创新的—模仿的。

（3）广告与声誉。①对拥有感到骄傲—对拥有不怎么骄傲；②广告很多—广告很少；③品牌名称好识别—品牌名称不好识别。

（4）设计与式样。①有大量的尺码、样式供选择—有限的尺码、样式供选择；②更关注于外观—更关注于绩效；③颜色搭配巧妙—颜色搭配不巧妙。

（5）消费者特征。①更多地面向年轻人—更多地面向老年人；②更多地面向男性—更多地面向女性；③高档的—低档的。

长岛（Nagashima，1970）使用上述量表，面向日本与美国的商人进行调查，测量与对比了“美国制造”“日本制造”“德国制造”“英国制造”和“法国制造”。

长岛（Nagashima，1977）使用同样的量表，测量了日本商人对“美国制造”“日本制造”“德国制造”“英国制造”和“法国制造”的感知的变化，发现：日本的认知整体产品形象显著地改善了；美国的认知整体产品形象却变差了。这表明：认知整体产品形象是动态变化的——中国政府、产业集群和企业应该联合起来，向日本学习，提高“中国制造”在国际上的地位。

长岛使用跨文化（日本、美国）与跨时间（1967、1975）的研究方法，探索了多个国家（美国、日本、德国、英国和法国）的整体产品形象的动态变化，为国家品牌研究的发展做出了重要贡献（Nagashima，1970；1977）。

借鉴上述研究，借鉴原产国的研究，笔者将整体产品层面上的国家品牌界定为“Made in”形象，指“消费者对某国产品的整体信念”，包括创新、设计、威望和工艺等维度（Roth，Romeo，1992）。消费者对一个国家的整体产品形象常有独特的刻板印象（Li et al.，2014），如：美国产品是创新的，日本产品是可靠的，德国产品是高技术含量的，法国产品是浪漫的（FutureBrand，2014）。

3. 类别产品层面的国家品牌

最终影响消费者对特定类别产品购买决策的是一个国家的类别产品形象，如消费者普遍青睐法国的红酒、瑞士的钟表和德国的汽车等。如表 2 - 4 所示，学者认为，国家品牌效应是与产品类别相关的（Pappu et al.，2007）。

表 2-4　整体与类别产品形象之间的关系

类别产品形象	整体产品形象	
	不利的	有利的
有利的	1 （如古巴的雪茄）	2 （如日本的汽车）
不利的	3 （如古巴的红酒）	4 （如日本的红酒）

如表 2-4 所示，古巴的整体产品形象一般，但古巴雪茄却享誉全球，这表明类别产品形象与整体产品形象并不总是一致的（杨一翁，等，2016）。因此，不仅要检验整体产品形象对消费者决策的影响，还要探索类别产品形象对消费者决策的影响。

有学者使用 7 点李克特量表，测量了汽车与电视的类别产品形象，均包括五个问项：①技术的先进性；②声望价值；③工艺；④价格；⑤服务的殷勤周到（Han，1990）。

另有学者使用 10 点李克特量表，测量了汽车与果汁搅拌机的类别产品形象（Parameswaran，Pisharodi，1994）。

汽车产品形象可用以下四个问项来测量：①工艺精湛；②操控好；③维护成本低；④耐用性好。

果汁搅拌机的认知类别产品形象分为以下两个维度。

（1）负面属性：①难以找到备件；②不耐用；③不安全。

（2）正面属性：①高质量；②工艺精湛；③外观设计吸引人；④小巧的；⑤万能的；⑥运行很安静；⑦性价比高；⑧综合性能优秀。

借鉴上述研究，笔者将类别产品层面上的国家品牌界定为“品类形象”（category image），指“消费者对一个国家的特定产品类别的感知或信念”，品类形象的维度根据产品类别的不同进行相应调整（Han，1990；Parameswaran，Pisharodi，1994；李东进，等，2008）。

综上所述，当研究国家品牌对消费者产品购买决策的影响时，国家品牌包括三个层面：国家形象、“Made in”形象和品类形象。其中，国家形象为整体国家层面，“Made in”形象为整体产品层面，品类形象为类别产品层面，每个维度均包括各自的子维度（见图 2-2）。

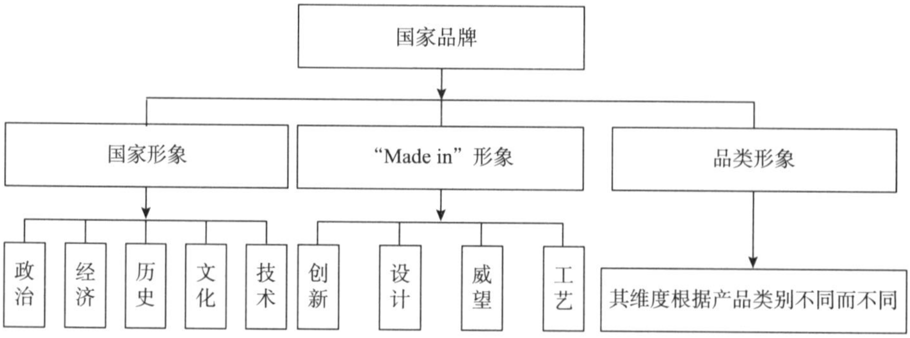

图 2-2 国家品牌三层面结构（产品购买决策）

注：本图系笔者根据相关文献与前期的预调查绘制而成。

国家品牌影响消费者的产品购买决策（进而影响出口），以及吸引旅游（目的地选择）、投资和移居（移民、工作和留学）等（Fetscherin，2010；FutureBrand，2014；Kotler，Gertner，2002）。本书基于消费者视角探索国家品牌效应，除了一般意义上的消费者以外，游客也是一种特殊类型的消费者（张宏梅，蔡利平，2011）。因此，除了探索国家品牌对消费者产品购买决策的影响以外，本书还探索国家品牌对游客旅游目的地选择决策的影响。

基于前期预调查的结果，笔者发现：与消费者的产品购买决策不同，游客在选择旅游目的地时，很少考虑“Made in”形象，该观点与现有研究不谋而合（Elliot et al.，2011）。此外，旅游目的地是一种旅游产品（张宏梅，蔡利平，2011），因此，笔者将“品类产品形象”调整为“旅游目的地形象”（tourism destination image）（Elliot et al.，2011；张静儒，等，2015）。基于以上论述，当研究国家品牌对游客旅游目的地选择决策的影响时，国家品牌包括两个层面——国家形象与旅游目的地形象（见图 2-3）。旅游目的地形象指“人们对一个旅游目的地的信念、想法和印象的总和”（Kotler et al.，1993），包括旅游景点、公共基础设施、旅游基础设施、旅游服务和环境等维度（张宏梅，蔡利平，2011；张静儒，等，2015）。

二、国家品牌的两个方面

如前所述，从整体国家、整体产品和类别产品层面来看，国家品牌包括国家形象、“Made in”形象和品类形象三个层面。这三个层面均为某种“形象”，形象

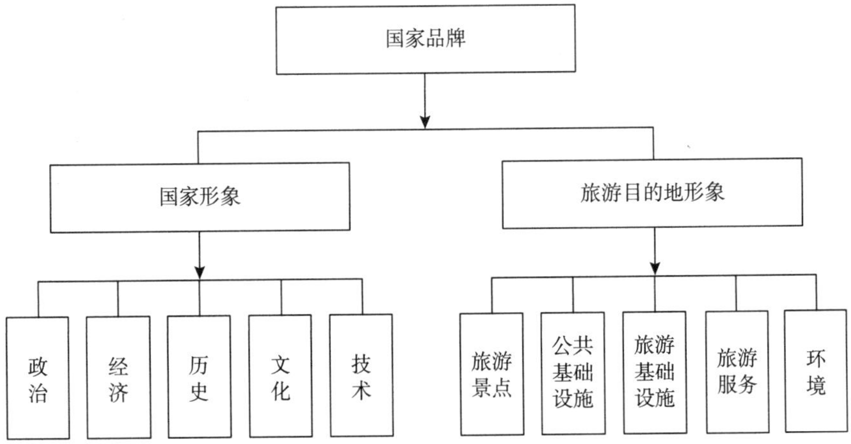

图2-3 国家品牌两层面结构（旅游目的地选择决策）

注：本图系笔者根据相关文献与前期的预调查绘制而成。

反映人们的主观态度（王长征，寿志钢，2007）。基于态度理论，近几年有研究提出，国家形象包括两个方面：认知与情感国家形象（Liet et al.，2014；Roth，Diamantopoulos，2009；Wang et al.，2012）。认知国家形象（cognitive country image）指："消费者对某个国家的信念"（Li et al.，2014）；情感国家形象（affective country image）指："消费者对某个国家的情感性反应"（Li et al.，2014）。早期的研究主要关注认知国家形象对消费者产品购买决策的影响（Peterson，Jolibert，1995）。近几年，学者们开始关注认知与情感国家形象对消费者产品购买决策的共同影响（Li et al.，2014；Wang et al.，2012）。

与国家形象类似，学者们认为目的地形象也包括两个方面：认知与情感目的地形象（Gartner，1993；Apapito et al.，2013）。认知目的地形象（cognitive destination image）指个体对目的地属性的信念与知识（Apapito et al.，2013）；情感目的地形象（affective destination image）指游客对某个目的地的情感性反应（Qu et al.，2011）。

认知与情感目的地形象影响消费者的旅游意向、重游意向，以及向他人推荐目的地的意向（Apapito et al.，2013；Gartner，1993；Whang et al.，2016）。有研究发现，当受到情感目的地形象的中介作用时，认知目的地形象对消费者行为意向的影响更强（Apapito et al.，2013）。

第三节　国家品牌效应

早期的研究主要关注认知国家形象对消费者产品购买决策的影响，认为消费者对一个国家的整体感知影响他们对来自该国的产品的感知、评价、态度和购买意向，并称之为原产国效应（Roth，Romeo，1992；王海忠，等，2007）。近期的研究关注认知与情感国家形象对消费者产品购买决策的共同影响（Li et al.，2014；Wang et al.，2012）。

一、消费者感知

斯库勒（Schooler，1965）发现，调查对象对某国的态度影响他们对来自该国的产品的感知，从而首次证实了原产国效应的存在。后来有研究发现，国家形象不仅影响一般意义上的消费者感知，还影响具体的产品质量感知。有研究发现，消费者对原产国与国家品牌的态度影响消费者对该国产品质量的感知，受欢迎的产品组装国/制造国以及产品设计国/开发国形象正向影响消费者的产品质量感知（Jun，Choi，2007）。还有学者运用荟萃分析方法评估了原产国形象对产品感知质量、态度和购买意向的影响，发现原产国形象对产品感知质量的影响最强（Verlegh，Steenkamp，1999）。

二、消费者评价

有学者发现，国家形象影响保加利亚消费者的产品评价（Leonidou et al.，1999）。另有学者发现，国家形象影响中国消费者的产品评价。同时也有研究探索国家品牌与产品品牌形象对消费者评价的共同影响（Zhang，1996）。有研究发现，产品品牌名称与原产国形象均影响德国与法国的消费者对新车的评价（Häubl，1996）。另有研究进一步指出，相比于国家品牌形象，产品品牌形象对家庭顾客购买决策的影响更强（Ahmed，d'Astous，1995）。学者们认为，之所以出现上述现象是因为当使用多线索（国家与产品品牌等信息同时可得）时，国家品牌形象对消费者产品评价的影响下降（杨一翁，等，2015；杨一翁，孙国辉，2013）。

三、消费者态度与购买意向

学者发现，国家形象影响消费者的产品态度（Brijs et al.，2011）。另有学者发现，芬兰消费者对来自欧盟国家与美国的品牌及其营销活动的态度存在稳定的显著差异（Darling，Puetz，2002）。有研究进一步指出，国家形象对消费者感知、评价、态度及其购买意向的影响不是独立的，而是一个连续的作用过程，即国家形象→消费者感知、评价、态度→消费者购买意向（李东进，等，2008）。李东进等（Li et al.，2008）发现，国家形象并非直接影响消费者购买意向，而是通过对产品评价、品牌态度和主观规范的影响来间接影响消费者购买意向。有研究发现，制造国与品牌形象共同影响电视与运动衫这两类产品的品类形象；品类形象进一步影响消费者态度；消费者态度最终影响消费者购买意向（Chung et al.，2009）。

四、认知与情感国家形象对消费者产品购买决策的共同影响

基于态度理论，有研究指出：国家品牌不仅包括认知方面，还包括情感方面（Laroche et al.，2005；Papadopoulos，Heslop，2003；Roth，Diamantopoulos，2009）。基于此，近年来，学者们开始探索认知与情感国家形象对消费者产品购买决策的共同影响。

王承璐等（Wang et al.，2012）认为，认知与情感国家形象是不同的。研究发现：认知与情感国家形象对消费者购买意向有不同的影响，前者通过产品形象间接影响消费者购买意向；后者独立于产品形象直接影响消费者购买意向。李东进等（Li et al.，2014）认为，当消费者进行理性与体验购买时，认知与情感国家形象对消费者的产品评价与购买意向的影响是不同的。研究发现：国家形象对消费者购买意向的影响受到整体与类别产品形象的中介作用。具体而言，不论是理性还是体验购买，认知国家形象对类别产品形象的影响均受到整体产品形象的完全中介作用；而仅当消费者进行体验购买而不是理性购买时，情感国家形象才直接影响类别产品形象。

上述研究探索了认知与情感国家形象对消费者产品购买决策的共同影响，极大地推进了国家品牌研究的发展，但仍存在如下三方面局限性。

第一，上述研究仅区分了国家形象（整体国家层面）的认知与情感方面，

但未区分品类形象（类别产品层面）的认知与情感方面。以旅游消费为例，消费者参加旅游活动期望获得心理与精神上的满足。故与有形产品相比，旅游活动给消费者带来的更多是情感方面的效用（张宏梅，蔡利平，2011）。现有研究探索了认知与情感旅游目的地形象对游客旅游目的地选择决策的影响（Cai，2002；Qu et al.，2011；Whang et al.，2016）。旅游是一种特殊而重要的产品形式（郭功星，等，2016），故借鉴目的地形象的相关研究，笔者认为：品类形象应进一步区分为认知品类形象与情感品类形象。

第二，王承璐等（Wang et al.，2012）仅考虑了整体国家形象与整体产品形象两个国家品牌层面，未考虑类别产品形象。李东进等（Li et al.，2014）全面地考虑了国家品牌的三个层面；同时探索了当消费者进行理性购买（购买汽车）与体验购买（购买跑鞋）时，情感国家形象与类别产品形象之间的不同关系。但未全面地考虑当消费者进行不同类型的决策时，国家形象、"Made in"形象和品类形象之间的关系，以及它们对消费者决策的影响；也未全面地考虑消费者对国家品牌的认知、情感和行为意向之间的关系。

第三，上述研究仅考虑了消费者的认知与情感态度对其行为意向的影响，但未考虑主观规范（与国际营销相关的）和消费者态度（对国家品牌的认知与情感）对其行为意向及行为的共同影响（Roth，Diamantopoulos，2009）。

基于以上论述，笔者引入态度理论与 ABC 态度模型、理性行为理论、光环－汇总效应模型，以进一步探索国家品牌效应。

第四节　理论基础

一、态度理论与 ABC 态度模型

1. 态度理论

态度理论（attitude theory）视角是探索国家品牌概念的最佳方式（Roth，Diamantopoulos，2009）。态度理论认为：态度不仅包含认知方面，还包含情感（特殊的感觉与感情）与意动（行为意向）方面（Fishbein，Ajzen，1975）。

根据上述观点，国家品牌包含三种成分：①认知成分，指消费者对某个特

定国家的信念；②情感成分，指该国对消费者的感情价值；③意动成分，指消费者对来源国的行为意向。

认知性、情感性和意动性态度不是各自独立的，而是相互联系的（Roth，Diamantopoulos，2009）。

认知性与情感性态度共同决定意动性态度。如果认知与情感不一致，情感起主导作用（Ajzen，2001）。例如：很多消费者认为日系车在品质上不差于德系车与美系车，且更节能省油（认知），但由于讨厌日本这个国家（情感）而不愿意购买日系车（意动）。如果认知与情感一致，则两者对意动的影响不相伯仲，且对意动同时起到增强作用（Simons，Carey，1998）。例如，很多消费者认为德系车品质卓越、经久耐用（认知），且十分喜欢严谨务实的德国（情感），从而强烈倾向于购买德系车（意动）。

有学者指出：认知与情感对意动的影响孰轻孰重取决于消费者的个人特质。如果消费者是一位思考者（thinker），那么他/她主要依赖于其认知而形成其意动；如果消费者喜欢“跟着感觉走”（feeler），那么他/她主要依赖于情感而形成其意动（Haddock，Zanna，1998）。

还有学者指出：产品特征也影响认知与情感的作用大小。如果购买享乐型产品，消费者主要依赖于情感而形成其意动；如果购买功能型产品，消费者主要依赖于认知而形成其意动（Batra，Ahtola，1990；Kempf，1999；Verlegh，2001）。

小结以上，就态度的三种成分而言，学者们认为认知与情感共同决定意动，而消费者特质与产品特征对两者的影响起调节作用，如图 2－4 所示。

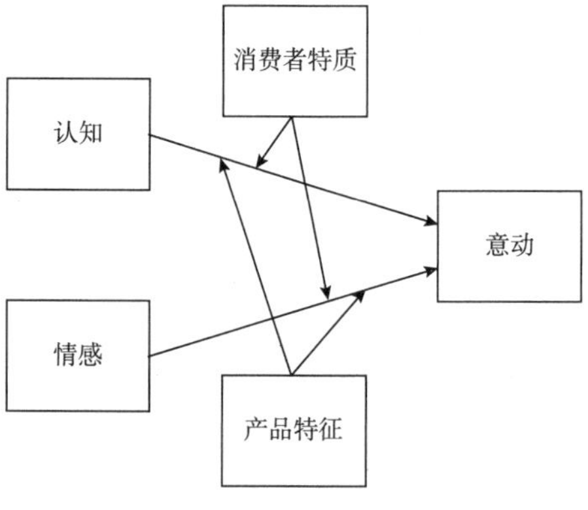

图 2－4　认知与情感对意动的共同影响

注：本图系笔者总结相关文献的观点后绘制而成。

认知与情感共同影响意动。当意动转变为实际行为以后，又会反过来影响认知与情感，且在不同的情境下，三者呈现出不同的作用序列，学者们将这一现象称为层级效应（Solomon，2015）。层级效应能很好地解释认知、情感和行为（意向）之间的关系。

2. ABC 态度模型

ABC 态度模型（ABC model of attitudes）探讨了消费者的认知、情感和行为（意向）之间的关系（Solomon，2015）。认知（cognition）指："消费者对该态度对象所持有的信念。"情感（affect）指："消费者对某一态度对象的感觉。"行为（behavior）指："消费者对该态度对象采取行动的意向或实际行动。"所罗门（Solomon，2015）提出层级效应（hierarchy of effects）以解释当消费者进行不同类型的决策（标准学习、低介入和体验层级）时，其认知、情感和行为之间的不同关系（见图 2－5）。

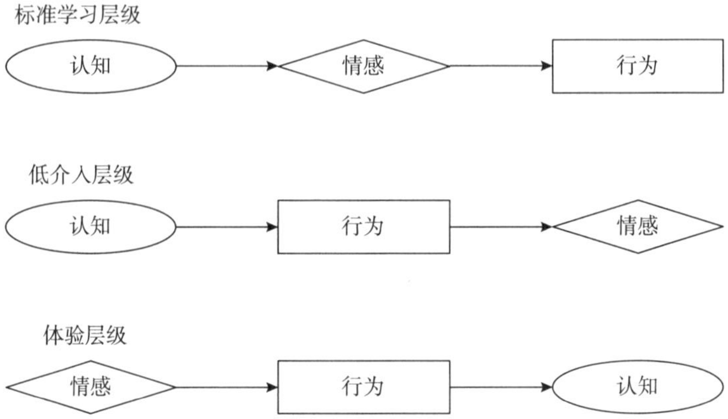

图 2－5　ABC 态度模型的三个影响层级

注：本图系笔者根据 Solomon（2015，p. 303，Figure 8. 1）修改并绘制而成。

（1）标准学习层级：认知→情感→行为。标准学习层级（the standard learning hierarchy）假设消费者对某项决策是高度介入的，如购买汽车、计算机和手机等（沈璐，等，2015；姚杰，等，2008）。首先，消费者会广泛地收集信息以建立自己对各个备选方案的认知；其次，他/她会评价各个备选方案并形成自己对各个备选方案的感受（情感）；最后，他/她倾向于选择其最喜欢的备选方案（行为）。

（2）低介入层级：认知→行为→情感。低介入层级（the low - involvement hierarchy）假设消费者对某项决策的介入度不高，如购买运动鞋、服饰和日用品等（潘煜，等，2012）。消费者一开始并没有对各个备选方案形成强烈的偏好，而是在对各个备选方案仅有有限的了解（认知）的情况下就做出决策（行为），并在购买与体验后才会形成评价与感受（情感）。

（3）体验层级：情感→行为→认知。体验层级（the experiential hierarchy）假设当消费者购买享乐型产品（如化妆品、香水和红酒等）（张红霞，张益，2010），或进行旅游决策（潘澜，等，2016）时，不会深思熟虑，而是仅凭自己的感觉就做出购买决策。如购买化妆品时，消费者一开始对各个备选产品不太了解，仅仅因为某款化妆品来自法国就让其产生一种浪漫、优雅和高贵的感觉（情感），从而进行购买与体验（行为），之后才会形成对该款化妆品的认知（如是否适合于自己等）。

ABC 态度模型在解释国家品牌效应时的局限性在于：当进行某些低介入决策（如购买牙膏、香皂和洗衣粉等）时，消费者可能是不假思索的，不一定存在“认知→行为→情感”的决策过程。因此，有必要对该决策类型进行调整。此外，虽然 ABC 态度模型（Solomon，2015）能较好地解释消费者的认知与情感态度对其行为意向及行为的影响，但有时候态度并不一定能精准地预测行为（戴维·迈尔斯，2014），因此笔者引入理性行为理论。

二、理性行为理论

理性行为理论（the theory of reasoned action）认为，行为意向是由态度与主观规范共同决定的，行为意向进一步决定行为（Fishbein，Ajzen，1975），如图 2 - 6 所示。主观规范指：“个人对采取特定行为所感受到的社会压力。”（戴维·迈尔斯，2014）

学者认为：首先，关于行为 X 的后果的信念影响对行为 X 的态度，关于行为 X 的规范性信念影响关于行为 X 的主观规范；其次，态度与主观规范共同影响进行行为 X 的意向，行为意向进一步影响行为 X；最后，行为又会反馈于关于行为 X 的后果的信念，以及关于行为 X 的规范性信念（Fishbein，Ajzen，1975）。

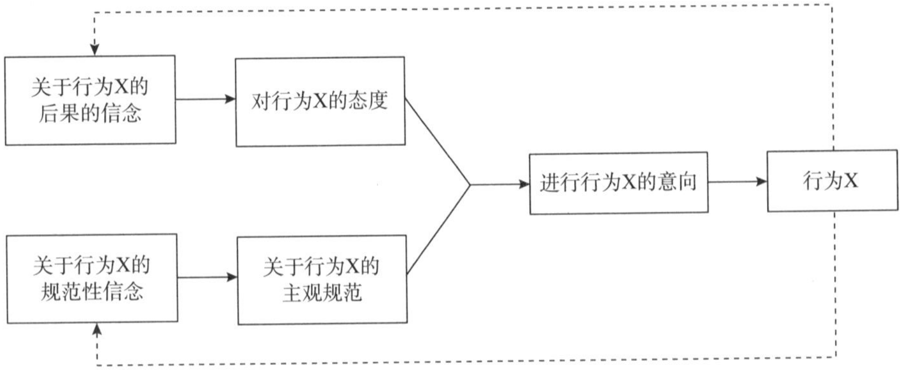

图2-6 理性行为理论

注：①实线表示影响，虚线表示反馈；

②本图系笔者根据 Fishbein 和 Ajzen（1975，p. 16，Figure 1.2）绘制而成。

信念（belief）指："个人对态度对象所掌握的信息。"（Fishbein，Ajzen，1975）可见，"关于行为 X 的后果的信念"是一种认知。两位学者还指出，态度与其他概念的主要区别在于其评价性或情感性，情感是态度的最本质部分（Fishbein，Ajzen，1975）。可见，"对行为 X 的态度"是一种情感。因此，理性行为模型应理解为：首先，认知影响情感；其次，情感和主观规范共同影响行为意向，行为意向进一步影响行为；最后，行为又会反馈于认知。

根据理性行为理论，主观规范和（认知性与情感性）态度共同影响行为意向，但它们的影响却不尽相同。例如，消费者可能对日系车有相当积极的态度，但由于其家人坚决反对（主观规范），而不得不放弃购买日系车。

如表 2-5 所示，有学者提出，与国际营销相关的主观规范主要有以下几种（Roth，Diamantopoulos，2009）。

表2-5 与国际营销相关的主观规范

与国际营销相关的主观规范	定 义	代表性文献
消费者民族中心主义（consumer ethnocentrism）	消费者持有的对购买外国产品的适当性与道德性	Shimp 和 Sharma（1987）
消费者国家主义（consumer nationalism）	在消费过程中，消费者调用个体的集体国家认同以支持或拒绝来自其他国家产品	Wang（2005）

续表

与国际营销相关的主观规范	定　义	代表性文献
消费者爱国热情（consumer patriotism）	消费者对国货的支持与对洋货的反对	Han（1988）
消费者的国家认同（consumer national identity）	消费者与某个国家的基本上是积极的、主观的重要感情联系	Blank 和 Schmidt（2003）
消费者敌意（consumer animosity）	消费者基于国家之间曾经或正在发生的军事、政治或经济事件而产生的反感或憎恶	Klein 等（1998）；Klein（2002）
消费者世界意识（consumer world – mindedness）	消费者对世界共享与共同福祉的赏识，对其他国家表示同情与理解	Rawwas 等（1996）
消费者国际主义（consumer internationalism）	消费者对其他国家的福祉的关注，反映了消费者对其他国家人民的同情	Balabanis 和 Melewar（2001）

理性行为理论在解释国家品牌效应时的局限性在于：仅探讨了一种决策类型（认知→情感→行为），很少有研究探索图 2 – 6 中虚线表示的反馈效应，即消费者的实际行为对其认知与情感的影响（Roth，Diamantopoulos，2009）。此外，ABC 态度模型与理性行为理论均无法解释国家品牌的三个层面之间的关系。基于此，笔者引入光环 – 汇总效应模型。

三、光环 – 汇总效应模型

有学者提出光环效应模型（the halo effect model）与汇总效应模型（the summary effect model）来解释原产国效应（Han，1989）。国家形象指："消费者对一个给定国家制造的产品的质量的整体感知。"（Han，1989）这是整体产品层面的国家品牌，即本书提出的"Made in"形象，故在后文中笔者用"Made in"形象替代原文中的"国家形象"。

1. 光环效应模型

光环效应模型认为：当消费者不熟悉来自某国的产品时，"Made in"形象影响消费者对产品属性的信念，进而影响其品牌态度（Han，1989），如图 2 –7所示。其中，产品属性信念 1、产品属性信念 2 和产品属性信念 3 等类似前文提到的品类形象的各个维度，故"信念"类似前文提到的"品类形象"。因此，光环效应可理解为："Made in"形象→品类形象→品牌态度。

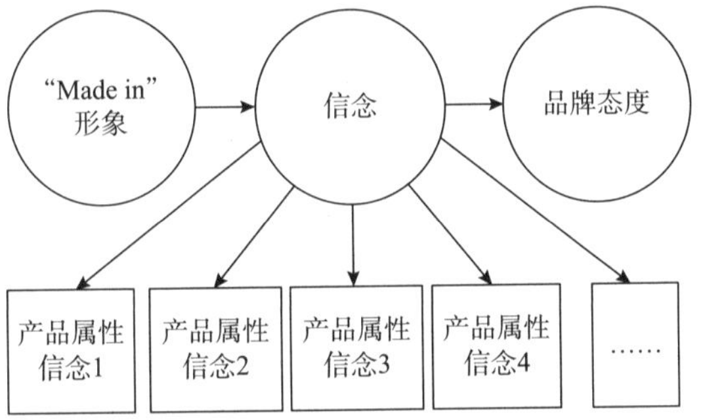

图 2－7　光环效应模型

注：本图系笔者根据 Han（1989，p. 224，Figure 1A）修改并绘制而成。

2. 汇总效应模型

汇总效应模型认为：当消费者对某国产品变得熟悉时，会首先将各种产品信息汇总成"Made in"形象，"Made in"形象进而影响消费者对该国品牌的态度（Han，1989），见图 2－8。如前所述，产品 A 属性信念 1 与产品 A 属性信念 2 等构成品类形象 1，产品 B 属性信念 1 与产品 B 属性信念 2 等构成品类形象 2。因此，汇总效应可理解为：品类形象→"Made in"形象→品牌态度。

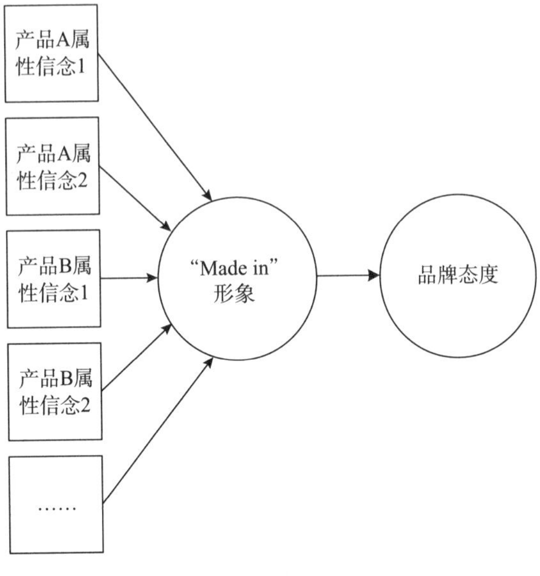

图 2－8　汇总效应模型

注：本图系笔者根据 Han（1989，p. 224，Figure 1B）修改并绘制而成。

有学者进一步探索了“国家形象→品牌态度→购买意向”的作用路径（Han，1990），发现：①当消费者不熟悉某国的产品时，国家形象直接影响消费者对该国品牌的购买意向；②当消费者不熟悉某国的产品时，某国的形象/属性联想对该国产品评价的影响更强，因为对于不熟悉的国家（国家形象），消费者更倾向于通过对该国产品的整体感知来评价产品属性。该研究再次证实了光环－汇总效应模型，即：当消费者对某国的产品不熟悉时，国家形象发挥光环效应；当消费者对某国的产品熟悉时，其他产品类别汇总成该国的国家形象，国家形象直接影响消费者的产品评价。

光环－汇总效应模型在解释国家品牌效应时的局限性在于：仅考虑了整体产品层面（“Made in”形象）与类别产品层面（品类形象）的国家品牌，但未考虑整体国家层面的国家品牌（国家形象）。因此，有必要对光环－汇总模型进行扩展，以更全面地探索当消费者进行不同类型的决策时，国家品牌的三个层面之间的关系。

小结以上，ABC 态度模型、理性行为理论和光环－汇总模型在单独解释国家品牌效应时各有局限性，有必要结合三者来构建研究模型，以更好地探索国家品牌效应。

第五节　对现有文献的评价

综上所述，现有研究的主要局限性与本书的研究设想如下。

第一，国家品牌研究源于学者在 1965 年关于原产国效应的探索（Schooler，1965）。国家品牌的内涵比原产国更丰富。原产国主要影响消费者的产品购买决策；而国家品牌不仅影响消费者的产品购买决策（进而影响出口），还影响招商引资，以及吸引游客（旅游目的地选择）、移民、人才和留学生等（Fetscherin，2010；FutureBrand，2014；Kotler，Gertner，2002）。本书研究国家品牌对消费者决策的影响，而游客是一种特殊类型的消费者（张宏梅，蔡利平，2011），因此，本书研究国家品牌对消费者产品购买决策与旅游目的地选择决策的影响。现有研究大多是在国际营销与旅游营销两个领域内，分别探索国家形象对消费者产品购买决策的影响，以及旅游目的地形象对游客旅游目的地选择决策的影响（张静儒，等，2015）。较少有研究在目的地形象与国家形象的交叉研究领域，探索两者对消费者旅游目的地选择决策的共同影响。此外，理性行为理论（Fishbein，Ajzen，1975）认为，态度与主观规范共同影响行为意向及行为。那么，在国际营销中与国家品牌相关的主观规范会影响游客旅游目的地选择决策吗？很少有研究回答该问题（郭功星，等，2014）。以上成为本书的一项研究内容。

第二，国家品牌包括三个层面：国家形象（整体国家层面）、“Made in”形象（整体产品层面）和品类形象（类别产品层面）。国家品牌还包括两个方面：认知与情感。在国家品牌的三个层面中，“Made in”形象主要反映消费者对某国制造的产品在创新、设计、威望和工艺等方面的认知（Roth，Romeo，1992），较少涉及情感方面。近几年，学者们开始关注认知与情感国家形象对消费者产品购买决策的共同影响（Li et al.，2014；Wang et al.，2012），但未区分品类形象的认知与情感方面。现有研究探索了认知与情感旅游目的地形象对游客旅游目的地选择决策的影响（Cai，2002；Qu et al.，2011）。旅游是一种特殊而重要的产品形式（郭功星，等，2016），故借鉴目的地形象的相关研究，品类形象应进一步区分为认知与情感品类形象。基于此，笔者拟结合国家品牌的三个层面与两个方面，以更全面地探索国家品牌对消费者决策的影响。

第三，当进行不同类型的决策时，消费者可能启动不同的思维模式，其对国家品牌的认知、情感和行为之间的关系是不同的（Roth，Diamantopoulos，2009）。少量研究对该观点进行了部分验证（Li et al.，2014；Wang et al.，2012），但分析不够全面。ABC 态度模型（Solomon，2015）认为，当进行标准学习、低介入和体验层级决策时，消费者的认知、情感和行为之间的关系是不同的。但当进行某些低介入决策（如购买牙膏、香皂和洗衣粉等）时，消费者可能是不假思索的，不一定存在“认知→行为→情感”的决策过程。因此，有必要对三种决策类型进行调整。此外，有时候态度并不一定能精准地预测行为（戴维·迈尔斯，2014）。因此，本书引入理性行为理论。理性行为理论（Fishbein，Ajzen，1975）认为，态度与主观规范共同影响行为意向及行为。但理性行为理论仅考虑了一种决策类型（认知→情感→行为）。此外，ABC 态度模型与理性行为理论均无法解释国家品牌的三个层面之间的关系。因此，本书引入光环－汇总效应模型。光环－汇总效应模型（Han，1989）认为，当消费者进行不同类型的决策时，“Made in”形象与品类形象之间的关系是不同的，但未考虑整体国家层面的国家品牌（国家形象），因此有必要对光环－汇总模型进行扩展。基于以上论述，ABC 态度模型、理性行为理论和光环－汇总模型在单独解释国家品牌效应时各有局限性。基于此，笔者结合三者构建研究模型，进行三项研究，以更好地探索国家品牌对消费者产品购买决策与旅游目的地选择决策的影响。

第三章　高介入产品购买决策模型

结合ABC态度模型（Solomon，2015）、光环－汇总效应模型（Han，1989）和国家品牌三个层面，并基于现有文献的观点（潘澜，等，2016；潘煜，等，2012；沈璐，等，2015；姚杰，等，2008；张红霞，张益，2010）与笔者前期预调查的结果，笔者提出更新的光环－汇总效应模型，即当消费者对来自特定国家的产品较熟悉时，国家品牌发挥汇总效应，表现为品类形象→“Made in”形象→国家形象；当消费者对来自特定国家的产品不太熟悉时，国家品牌发挥光环效应，表现为国家形象→“Made in”形象→品类形象（见图3－1）。

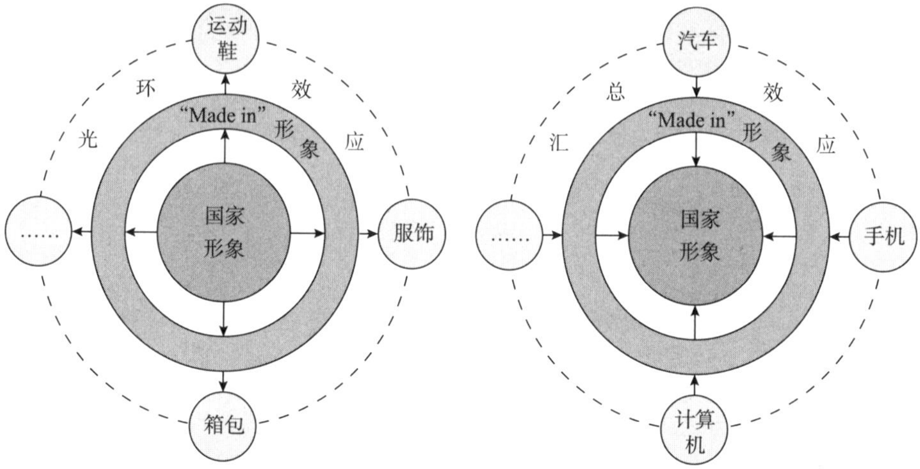

图3－1　更新的光环－汇总效应模型

注：本图系笔者根据相关文献与前期的预调查绘制而成。

第一节　研究假设与研究模型

当消费者购买汽车、手机和计算机等产品时，介入度较高（沈璐，等，2015；姚杰，等，2008）。基于更新的光环－汇总效应模型，当进行高介入产品购买决策时，消费者对来自特定国家的产品较熟悉，国家品牌发挥汇总效应，消费者会将对某国特定类别产品的认知（认知品类形象）汇总成对该国制造的产品在创新、设计、声誉和工艺等方面的认知（“Made in”形象）（Roth，Romeo，1992）。与此同时，消费者也会将以上认知汇总成对该国在政治、经济、历史、文化和技术等方面的认知（认知国家形象）（Fetscherin，2010；Martin，Eroglu，1993）。然而，悬而未决的问题是：认知类别产品形象是直接影响认知整体国家形象，还是通过整体产品形象间接影响认知整体国家形象？

以汽车购买决策为例，大多数消费者在购买汽车时介入度较高（沈璐，等，2015），此时消费者对各个品牌的汽车较熟悉。汽车是德国的代表性产品（FutureBrand，2014），消费者普遍认为德系车工艺精良、高速行驶稳定性好、耐用性强。消费者将对德系车的认知汇总成对“德国制造”的认知，认为“德国制造”质量卓越、科技含量高、对细节精益求精。“德国制造”享誉全球，德国的“工业4.0”闻名遐迩，这使得消费者认为德国的国家品牌卓尔不凡（Joseph，2016），在FutureBrand的Country Brand Index 2014—2015年上高居前三甲，国际消费者认为德国是一个技术先进、科技领先、经济发达的国家（FutureBrand，2014）。基于以上论述，笔者认为：认知类别产品形象通过整体产品形象间接影响认知国家形象。因此，笔者提出假设1。

假设1：“Made in”形象在认知品类形象与认知国家形象之间的关系起中介作用。

基于ABC态度模型（Solomon，2015），当进行高介入产品购买决策时，消费者的决策过程为：认知→情感→行为。从国家品牌效应的角度看：首先，消费者会从整体国家层面（认知国家形象）、整体产品层面（“Made in”形象）和类别产品层面（认知品类形象）三个层面，建立自己对各个备选方案的认知；其次，他会评价这些备选方案，并形成对各个备选方案的情感（情感品类形象）；最后，消费者倾向于选择自己最喜欢的备选方案（购买意向）。基于此，笔者提出假设2～假设4。

假设2：情感品类形象对认知国家形象与购买意向之间的关系起中介作用。

假设3：情感品类形象对“Made in”形象与购买意向之间的关系起中介作用。

假设4：情感品类形象对认知品类形象与购买意向之间的关系起中介作用。

基于理性行为理论（Fishbein，Ajzen，1975），消费者的认知性态度、情感性态度和主观规范共同影响其行为意向。认知国家形象、“Made in”形象和认知品类形象代表消费者的认知性态度，情感品类形象代表消费者的情感性态度。

Roth 和 Diamantopoulos（2009）提出与国际营销相关的主观规范有：消费者民族中心主义、消费者爱国热情和消费者敌意等。本书研究消费者对进口产品的购买决策与消费者的出境旅游决策，且由于下文将要叙述的现实中的矛盾现象，笔者对消费者敌意对购买决策的负向影响最感兴趣。基于此两方面考虑，本书选择消费者敌意作为与国际营销相关的主观规范构建研究模型。

根据国际知名民调机构皮尤研究中心（Pew Research Center）于2016年10月发布的一份报告，高达86%的中国人对日本怀有某种敌意。然而，汽车销量网的数据显示，日系车在中国十分畅销。从各个品牌的销量来看，日产、丰田和本田均进入品牌销量排行榜前十强。从具体车型来看，日产轩逸、丰田卡罗拉在中国的销售极为火爆。数据显示，中国人对日本的敌意似乎并没有妨碍中国消费者购买日系车的热情。笔者推测：情感性态度对购买与体验的正向影响强于消费者负向敌意，并提出假设5。

假设5：情感品类形象对购买意向的影响强于消费者敌意。

一个有意思却鲜有研究的问题是：消费者敌意是否会减弱情感品类形象对购买意向的正向影响？在前期的预调查中，笔者发现：很多中国消费者很喜欢日系车，本想购买日系车，但害怕如果中日关系再次剑拔弩张，日系车存在被砸、被拒绝加油的风险，开日系车可能遭到周边人群鄙视，因此不敢购买日系车。还有很多消费者本人钟情日系车，但家人十分讨厌日本而坚决反对购买日系车，为了家庭和谐，只好放弃购买日系车。基于以上论述，笔者提出假设6。

假设6：消费者敌意对情感品类形象与购买意向之间的关系起负向调节作用。

综上所述，笔者构建高介入产品购买决策模型如图3－2所示。

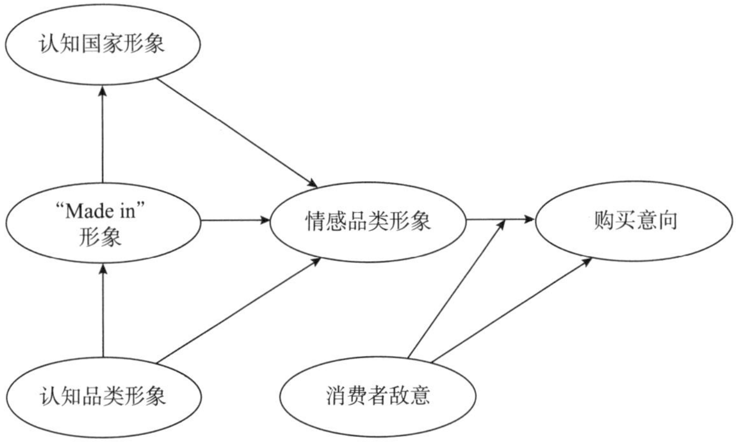

图3－2　高介入产品购买决策模型

注：认知国家形象、"Made in"形象和消费者敌意三个构面为二阶构面。认知国家形象包括政治、经济、历史/文化、技术四个一阶构面（Fetscherin，2010；Martin，Eroglu，1993）；"Made in"形象包括创新、设计、声誉和工艺四个一阶构面（Narayana，1981；Roth，Romeo，1992）；消费者敌意包括一般敌意、战争敌意和经济敌意三个一阶构面（Klein，2002）。

第二节　研究方法

一、问卷设计

汽车购买决策对大多数消费者来说是一种典型的高介入产品购买决策（沈璐，等，2015），且为了探索消费者敌意对购买意向的影响，笔者选择日本、日本产品和日系车作为研究对象。此外，类别产品形象的维度应根据产品类别的不同而进行相应调整（Parameswaran，Pisharodi，1994；李东进，等，2008）。因此，笔者以"认知汽车形象"代表"认知品类形象"；以"情感汽车形象"代表"情感品类形象"。

问卷共包括七个部分：第一部分为“认知国家形象”（二阶构面），包括政治、经济、历史/文化、技术四个一阶构面（Fetscherin，2010；Martin，Eroglu，1993）；第二部分为“‘Made in’形象”（二阶构面），包括创新、设计、声誉和工艺四个一阶构面（Narayana，1981；Roth，Romeo，1992）；第三部分为“认知汽车形象”；第四部分为“情感汽车形象”；第五部分为“消费者敌意”（二阶构面），包括一般敌意、战争敌意和经济敌意三个一阶构面（Klein，2002）；第六部分为“购买意向”；第七部分为“个人信息”，包括性别、年龄、教育程度、收入、欲购汽车的价位五个问项。除人口统计信息外，其他问项均使用7点李克特量表，1表示“完全不同意”，7表示“完全同意”。

问卷中的问项主要来源于现有文献，并根据实际情况进行了调整。问卷共进行了三轮修改。①第一轮修改。参与人为北京某高校的教师与研究生，通过讨论的方式对原始问项进行了修改，删去了不合适的问项，并补充了必要的问项。②第二轮修改。采用预调查的方式，调查了笔者身边20位欲购买汽车的消费者，删去了内容重复、难以理解的问项，进一步完善了问卷的措辞，使其清晰易懂。③第三轮修改。将问卷提交给北京某高校的三位教授，对问卷进行了最终修订。通过以上三轮修改得到正式调查问卷（见表3-1）。

表3-1　高介入产品购买决策模型的构面、问项及其来源

二阶构面	一阶构面	问项	问项内容	问项来源
认知国家形象	政治	PO1	日本的民主化程度高	Fetscherin（2010）；Martin 和 Eroglu（1993）
		PO2	日本的政治稳定	
		PO3	日本积极参与国际事务	
		PO4	在国际事务中，各国对日本的态度友好	
	经济	EC1	日本经济发达	
		EC2	日本经济发展迅速	
		EC3	日本的生活水平高	
	历史/文化	HC1	日本历史悠久	
		HC2	日本有博大精深的文化	
		HC3	日本有丰富的历史文化遗产	
	技术	TE1	日本的工业化水平高	
		TE2	日本的技术研发水平高	
		TE3	日本的科技发达	

续表

二阶构面	一阶构面	问项	问项内容	问项来源
"Made in"形象	创新	IN1	日本产品的科技含量高	Narayana（1981）；Roth 和 Romeo（1992）
		IN2	日本产品技术先进	
		IN3	日本产品创新性强	
	设计	DE1	日本产品外观精美	
		DE2	日本产品式样新潮	
		DE3	日本产品种类丰富	
	声誉	PR1	日本产品名声显赫	
		PR2	日本产品地位崇高	
		PR3	日本产品的品牌声誉卓越	
	工艺	WO1	日本产品可靠性高	
		WO2	日本产品耐用性强	
		WO3	日本产品工艺精湛	
认知汽车形象		CAI1	日系车节能省油	Parameswaran 和 Pisharodi（1994）；李东进等（2008）
		CAI2	日系车的外观造型有吸引力	
		CAI3	日系车的操控性好	
		CAI4	日系车的保养费用低	
		CAI5	日系车非常舒适	
		CAI6	日系车安全性好	
情感汽车形象		AAI1	对拥有一辆日系车，我感到兴奋	Qu 等（2011）
		AAI2	对拥有一辆日系车，我感到快乐	
		AAI3	对拥有一辆日系车，我感到自豪	
		AAI4	对拥有一辆日系车，我感到满足	
消费者敌意	一般敌意	GA1	我对日本感到愤怒	Klein（2002）
		GA2	我不喜欢日本	
		GA3	若购买日系车，我会感受到很强的社会压力	
	战争敌意	WA1	因为"二战"，我仍对日本感到愤怒	
		WA2	我对日本不正视历史感到愤怒	
		WA3	因为南京大屠杀，我不会原谅日本	
	经济敌意	EA1	日本正在利用中国	
		EA2	因为日本与中国进行贸易往来的方式，我对日本感到愤怒	
		EA3	在中日的贸易往来中，中国比日本更公平	

续表

二阶构面	一阶构面	问项	问项内容	问项来源
购买意向		PI1	我对日系车很感兴趣	Granzin 和 Olsen（1998）；符国群和苏子逸（2014）
		PI2	我会关注日系车	
		PI3	我希望拥有日系车	
		PI4	未来我可能会购买日系车	
		PI5	日系车是物有所值的	

注：PO 指 Politics（政治）；EC 指 Economics（经济）；HC 指 History and Culture（历史/文化）；TE 指 Technology（技术）；IN 指 Innovation（创新）；DE 指 Design（设计）；PR 指 Prestige（声誉）；WO 指 Workmanship（工艺）；CAI 指 Cognitive Automobile Image（认知汽车形象）；AAI 指 Affective Automobile Image（情感汽车形象）；GA 指 General Animosity（一般敌意）；WA 指 War Animosity（战争敌意）；EA 指 Economic Animosity（经济敌意）；PI 指 Purchase Intention（购买意向）。

二、数据收集

笔者以汽车的潜在购买者与实际车主为调查对象进行问卷调查。问卷调查的地点为北京市的多所驾校、日本汽车品牌在北京的多家 4S 店和顺义北京国际汽车展览会等。其中，在驾校的问卷调查是在学员们等待班车或考试的闲暇时间进行；在北京国际车展的问卷调查是在丰田、日产和本田等日系车所在展馆，对认真研究车型或进行试驾体验的人群进行调查。

问卷调查于 2016 年 4 月开始，至 2016 年 6 月结束，历时三个月，共收回有效问卷 281 份，样本特征如表 3 –2 所示。

表 3 –2　高介入产品购买决策模型的样本特征

项　目	分　类	人数（人）	百分比
性别	男性	138	49. 1%
	女性	143	50. 9%
年龄	17 岁及以下	5	1. 8%
	18 ~28 岁	110	39. 1%
	29 ~40 岁	93	33. 1%
	41 ~48 岁	52	18. 5%
	49 ~55 岁	17	6. 1%
	56 岁及以上	4	1. 4%

续表

项目	分类	人数（人）	百分比
教育程度	高中及以下	18	6.4%
	大学专科	88	31.3%
	大学本科	133	47.3%
	硕士	30	10.7%
	博士	12	4.3%
月收入	2000 元以下	45	16.0%
	2000～4999 元	85	30.3%
	5000～9999 元	86	30.6%
	1 万～2 万元	43	15.3%
	2 万元以上	22	7.8%
欲购汽车的价位	10 万元以下	27	9.6%
	10 万～19 万元	96	34.2%
	20 万～29 万元	82	29.2%
	30 万～50 万元	39	13.9%
	50 万元以上	37	13.1%

三、统计分析方法

笔者构建的研究模型较复杂，共含 17 个构面，其中认知国家形象（含四个一阶构面）、“Made in”形象（含四个一阶构面）和消费者敌意（含三个一阶构面）为二阶构面。偏最小二乘结构方程模型（PLS－SEM）在处理复杂的结构模型时独具优势（Hair et al.，2014），故笔者使用 SmartPLS v. 3.2.6 软件进行数据分析。在图 3－2 所示的结构模型中，情感品类形象被三个箭头指到，为所有构面中最多。根据相关文献的建议，在 $\alpha=0.05$ 的显著性水平下，要检验出最小 0.10 的 R^2 值，最小样本量为 124 个（Hair et al.，2014）。本研究的有效样本量为 281 个，满足要求。

第三节　数据分析

一、外模型

在 PLS－SEM 中，指标变量与潜在构面之间的关系称为外模型。

1. 信度检验

相关文献建议，问项的因子载荷应大于 0.7 的限制性水平（Hulland，1999）。笔者运用 SmartPLS v. 3. 2. 6 软件进行数据分析，发现：关于“政治”的四个问项（PO1、PO2、PO3 和 PO4）、关于“历史/文化”的三个问项（HC1、HC2 和 HC3）、关于“认知汽车形象”的一个问项（CAI1），它们的因子载荷小于 0. 7 的限制性水平。当出现这种情况时，现有文献建议的处理方法是：①如果问项的因子载荷小于 0. 4，则直接删除该问项；②如果问项的因子载荷在 0. 4 ~0. 7，可以尝试删除该问项，若删除之后该问项所测量构面的平均变异萃取值（*AVE*）增加至大于 0. 5 的限制性水平，且组成信度（*CR*）增加至大于 0. 7 的限制性水平，则删除该问项；反之则保留该问项（Hair et al.，2014）。依据该处理方法，笔者删除下列问项：PO1、PO2、PO3、PO4、HC1、HC2、HC3 和 CAI1。笔者对剩余的问项重新排序，得到数据分析用的构面与问项，并运用 SmartPLS v. 3. 2. 6 软件进行信度检验与收敛效度检验（见表 3 -3）。

表 3 -3　高介入产品购买决策模型的信度与收敛效度检验

构面	问项	平均值（标准差）	因子载荷	Cronbach's α	*CR*	*AVE*
认知国家形象（CCI）	EC1	5. 01（1. 42）	0. 817	0. 887	0. 914	0. 641
	EC2	4. 74（1. 50）	0. 725			
	EC3	4. 81（1. 49）	0. 743			
	TE1	4. 86（1. 42）	0. 806			
	TE2	5. 11（1. 35）	0. 860			
	TE3	5. 06（1. 43）	0. 842			
“Made in”形象（MII）	IN1	4. 93（1. 38）	0. 777	0. 936	0. 945	0. 588
	IN2	4. 98（1. 39）	0. 772			
	IN3	4. 86（1. 48）	0. 795			
	DE1	4. 56（1. 32）	0. 737			
	DE2	4. 46（1. 36）	0. 718			
	DE3	4. 63（1. 40）	0. 703			
	PR1	4. 43（1. 46）	0. 809			
	PR2	4. 10（1. 45）	0. 734			
	PR3	4. 42（1. 50）	0. 776			
	WO1	4. 76（1. 50）	0. 803			
	WO2	4. 79（1. 51）	0. 781			
	WO3	4. 79（1. 49）	0. 789			

续表

构面	问项	平均值（标准差）	因子载荷	Cronbach's α	*CR*	*AVE*
认知汽车形象（CAI）	CAI1	4.05（1.32）	0.825	0.879	0.912	0.675
	CAI2	4.23（1.38）	0.866			
	CAI3	4.21（1.37）	0.788			
	CAI4	4.40（1.43）	0.820			
	CAI5	3.84（1.58）	0.806			
情感汽车形象（AAI）	AAI1	3.49（1.52）	0.936	0.946	0.961	0.860
	AAI2	3.44（1.51）	0.947			
	AAI3	3.16（1.50）	0.893			
	AAI4	3.53（1.73）	0.934			
消费者敌意（CA）	GA1	4.84（1.45）	0.812	0.930	0.941	0.641
	GA2	4.68（1.53）	0.826			
	GA3	4.61（1.56）	0.795			
	WA1	5.15（1.38）	0.821			
	WA2	5.49（1.30）	0.834			
	WA3	5.35（1.41）	0.738			
	EA1	4.77（1.43）	0.863			
	EA2	4.56（1.40）	0.708			
	EA3	4.69（1.39）	0.800			
购买意向（PI）	PI1	3.84（1.58）	0.816	0.919	0.939	0.757
	PI2	4.02（1.67）	0.850			
	PI3	3.58（1.57）	0.921			
	PI4	3.76（1.64）	0.925			
	PI5	3.83（1.55）	0.832			

注：CCI 指 Cognitive Country Image（认知国家形象）；MII 指 Made in Image（“Made in” 形象）；CAI 指 Cognitive Automobile Image（认知汽车形象）；AAI 指 Affective Automobile Image（情感汽车形象）；CA 指 Consumer Animosity（消费者敌意）；PI 指 Purchase Intention（购买意向）。

各构面的 Cronbach's α 与 *CR* 均大于 0.7 的限制性水平（Bagozzi，Yi，1988），这表明量表有良好的信度（见表 3－3）。

2. 效度检验

（1）收敛效度。各构面的 *AVE* 均大于 0.5 的限制性水平（Bagozzi，Yi，1988），这表明量表有良好的收敛效度（见表 3－3）。

（2）区别效度。每个构面的 *AVE* 的平方根值均大于它与其他构面的相关系数（Fornell，Larcker，1981），这表明量表具有良好的区别效度（见表 3－4）。

表 3－4　高介入产品购买决策模型的区别效度检验

构　面	认知国家形象	“Made in”形象	认知汽车形象	情感汽车形象	消费者敌意	购买意向
认知国家形象	**0.800**					
“Made in”形象	0.744	**0.767**				
认知汽车形象	0.512	0.678	**0.821**			
情感汽车形象	0.281	0.437	0.536	**0.927**		
消费者敌意	0.172	0.115	0.023	－0.110	**0.801**	
购买意向	0.339	0.405	0.446	0.697	－0.161	**0.870**

注：对角线上的粗体数值为各构面的 *AVE* 的平方根值，其他数值为构面间的相关系数。

3. 数据同源偏差分析

笔者参考黄敏学等（2015）的方法进行同源偏差分析。第一，为了避免由同一位调查对象填写问卷造成的同源偏差问题，笔者在某些构面的测项中设置判别性的反向测项。例如，在测量“经济”的测项中，笔者特意加入一个反向的判别测项“日本经济落后”，通过这些判别性的反向测项来排除那些明显自相矛盾的样本。第二，笔者采用两种方法对数据进行检验。第一种方法是 Harman 的单因子检验法，即对全部构面的测项进行探索性因子分析，如果未旋转之前的第一个因子方差解释率超过 50%，表明同源偏差较大。SPSS 18.0 软件分析的结果表明，第一个因子的方差解释率为 28.83%，小于 50%，说明数据的同源偏差在可接受的范围之内。第二种方法是检验构面之间的相关系数，如果构面之间的相关系数大于 0.9，表明同源偏差较大。由表 3－4 可知，构面间的相关系数最大者为 0.744，小于 0.9，表明本研究的测量数据是可靠的。由以上可知，本研究的数据同源偏差问题不严重。

4. 多重共线性检验

根据相关文献的建议（Hair et al.，2014），笔者通过以下两个步骤检验多重共线性。第一步，使用方差膨胀因子（Variance Inflation Factor，VIF）进行多重共线性检验，如果 VIF 大于 5，表明多重共线性问题较严重。数据分析结果显示，构面间的 VIF 最大者为 3.052，表明变量间的多重共线性不严重。第二步，笔者采用 Bootstrapping 抽样 5000 次，发现所有问项的外部权重（Outer Weights）均在 α =0.05 的显著性水平下显著。以上两个步骤表明，变量间的多重共线性不严重，所有问项均保留。

二、内模型

在 PLS – SEM 中，潜在构面之间的关系称为内模型。

1. 路径分析与假设检验

根据相关文献的建议（Hair et al.，2014），笔者采用 Bootstrapping 抽样 5000 次，得到内模型的路径分析与假设检验结果（见表 3 –5）。

表 3 –5　结构模型路径系数的显著性检验（高介入产品购买决策模型，α =0.05）

结构模型路径	路径系数	*t* 值	*p* 值	假设检验结果
认知汽车形象→“Made in”形象	0.677	16.024	0.000	显著
“Made in”形象→认知国家形象	0.732	12.148	0.000	显著
认知国家形象→情感汽车形象	–0.106	1.408	0.159	不显著
“Made in”形象→情感汽车形象	0.211	2.421	0.016	显著
认知汽车形象→情感汽车形象	0.448	6.697	0.000	显著
情感汽车形象→购买意向	0.687	19.050	0.000	显著
消费者敌意→购买意向	–0.087	1.899	0.058	不显著

注：Bootstrapping 抽样 5000 次，检验类型为双尾检验，显著性水平 α =0.05。

由表 3 –5 可知，在 α =0.05 的显著性水平下，消费者敌意对购买意向的影响不显著。于是，笔者根据相关文献的建议（Hair et al.，2014），在 α =0.1 的显著性水平下，采用 Bootstrapping 抽样 5000 次，重新得到路径分析与假设检验结果（见表 3 –6）。

笔者发现：此时，消费者敌意对购买意向存在显著的负向影响（路径系数 = –0.086，*t* 值 =1.885，*p* 值 =0.059）（见表 3 –6）。

表3-6　结构模型路径系数的显著性检验（高介入产品购买决策模型，α=0.1）

结构模型路径	路径系数	t 值	p 值	假设检验结果
认知汽车形象→“Made in”形象	0.677	15.760	0.000	显著
“Made in”形象→认知国家形象	0.731	11.830	0.000	显著
认知国家形象→情感汽车形象	-0.105	1.420	0.156	不显著
“Made in”形象→情感汽车形象	0.211	2.429	0.015	显著
认知汽车形象→情感汽车形象	0.447	6.824	0.000	显著
情感汽车形象→购买意向	0.687	19.558	0.000	显著
消费者敌意→购买意向	-0.086	1.885	0.059	显著

注：Bootstrapping 抽样5000次，检验类型为双尾检验，显著性水平 α=0.1。

2. 中介效应检验

笔者使用Sobel检验（Sobel，1982）、Aroian检验（Aroian，1947）和Goodman检验（Goodman，1960）进行中介效应检验（见表3-7）。

表3-7　高介入产品购买决策模型的中介效应检验

构面关系	衡量构面	路径系数 t 值	Sobel检验的 z 值	Aroian检验的 z 值	Goodman检验的 z 值	中介效应显著性
CAI→MII→CCI	CAI→MII	15.760	9.461***	9.449***	9.473***	显著
	MII→CCI	11.830				
CAI→AAI→PI	CAI→AAI	6.824	6.443***	6.436***	6.451***	显著
	AAI→PI	19.558				
MII→AAI→PI	MII→AAI	2.429	2.410*	2.407*	2.414*	显著
	AAI→PI	19.558				

注：①*表示 p 值<0.05；**表示 p 值<0.01；***表示 p 值<0.005；

②CAI指Cognitive Automobile Image（认知汽车形象）；MII指Made in Image（“Made in”形象）；CCI指Cognitive Country Image（认知国家形象）；AAI指Affective Automobile Image（情感汽车形象）；CA指Consumer Animosity（消费者敌意）；PI指Purchase Intention（购买意向）。

如表3-7所示，认知汽车形象（CAI）通过中介变量“Made in”形象（MII）间接影响认知国家形象（CCI），这表明假设1得到支持。认知汽车形象（CAI）与“Made in”形象（MII）均通过中介变量情感汽车形象（AAI）间接影响购买意向（PI），这表明假设3与假设4均得到支持。

3. 调节效应检验

消费者敌意、情感汽车形象和购买意向均为反映性测量模型，笔者使用产品指标计算方法检验调节效应（Hair et al.，2014）。根据海尔等（Hair et al.，2014）推荐的方法（以均值为中心产生乘积项），笔者使用 SmartPLS v3.2.6 软件生成以消费者敌意为调节变量，以情感汽车形象为自变量，以购买意向为因变量的调节效应变量（见图 3－3）。

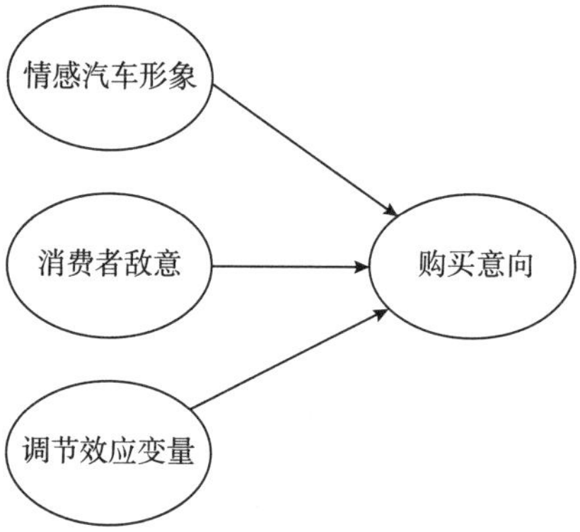

图 3－3 产品指标法调节效应检验

笔者检验以情感汽车形象、消费者敌意和调节效应变量为自变量，以购买意向为因变量的影响模型。笔者对此模型进行信度与效度检验，发现效度、收敛效度和区别效度良好。同时，笔者进行数据同源偏差分析与多重共线性检验，发现数据同源偏差问题与变量间的多重共线性均不严重。根据相关文献的建议（Hair et al.，2014），笔者采用 Bootstrapping 抽样 5000 次，得到路径分析与假设检验结果，笔者发现：在 $\alpha=0.05$ 的显著性水平下，消费者敌意对购买意向的影响不显著。于是，笔者根据相关文献的建议（Hair et al.，2014），在 $\alpha=0.1$ 的显著性水平下，采用 Bootstrapping 抽样 5000 次，重新得到路径分析与假设检验结果（见表 3－8）。

表 3－8 高介入产品购买决策模型的调节效应检验

结构模型路径	路径系数	t 值	p 值	检验结果
调节效应变量→购买意向	0.030	0.019	0.183	不显著
情感汽车形象→购买意向	0.666	16.289	0.000	显著
消费者敌意→购买意向	－0.080	1.765	0.078	显著

注：Bootstrapping 抽样 5000 次，检验类型为双尾检验，显著性水平 $\alpha=0.1$。

由表3-8可知，调节效应不显著，即消费者敌意对情感汽车形象与购买意向之间关系的负向调节作用不显著，假设6没有得到支持。

4. 总效应检验

由表3-9可知，情感汽车形象对购买意向的总效应最强（0.687），次之为认知汽车形象（0.369），再次为“Made in”形象（0.092），总效应最弱的是消费者敌意（-0.086）。在 $\alpha=0.1$ 的显著性水平下，认知国家形象对购买意向的总效应不显著。可见，假设5得到支持，即情感品类形象对购买意向的正向影响强于消费者敌意的负向影响。

表3-9　高介入产品购买决策模型的总效应显著性检验

结构模型路径	总效应	t 值	p 值	总效应显著性
认知国家形象→购买意向	-0.073	1.410	0.159	不显著
“Made in”形象→购买意向	0.092	2.200	0.028	显著
认知汽车形象→购买意向	0.369	8.755	0.000	显著
情感汽车形象→购买意向	0.687	19.558	0.000	显著
消费者敌意→购买意向	-0.086	1.885	0.059	显著

注：①Bootstrapping 抽样5000次，检验类型为双尾检验，显著性水平 $\alpha=0.1$；
②总效用=直接效应+间接效应。

5. 解释力检验

现有文献建议（Hair et al.，2014），当研究消费者行为时，若 R^2 值大于0.20，说明模型有较好的解释力。在笔者构建的结构模型中（见图3-2），购买意向被解释的方差（R^2 值）为0.497，情感汽车形象的 R^2 值为0.309，认知整体国家形象的 R^2 值为0.554，整体产品形象的 R^2 值为0.460。四者均大于0.20的限制性水平，这表明模型的解释力较好。

第四节　结论与讨论

一、研究结论

数据分析的结果如表3-10所示：

表 3-10 数据分析结果汇总（高介入产品购买决策模型）

假设	假设内容	假设检验结果
假设 1	“Made in”形象对认知品类形象与认知国家形象之间的关系起中介作用	支持
假设 2	情感品类形象对认知国家形象与购买意向之间的关系起中介作用	不支持
假设 3	情感品类形象对“Made in”形象与购买意向之间的关系起中介作用	支持
假设 4	情感品类形象对认知品类形象与购买意向之间的关系起中介作用	支持
假设 5	情感品类形象对购买意向的影响强于消费者敌意	支持
假设 6	消费者敌意对情感品类形象与购买意向之间的关系起负向调节作用	不支持

二、理论贡献

第一，现有研究仅考虑了国家形象的认知与情感因素；但未考虑品类形象的认知与情感因素。本研究结合国家品牌的三个层面（整体国家、整体产品和类别产品层面）与两个因素（认知与情感），更全面地探索了高介入产品购买决策下的国家品牌效应，进一步丰富了国家品牌理论。

第二，本研究提出更新的光环－汇总效应模型，并发现认知品类形象通过中介变量“Made in”形象间接影响认知国家形象。这表明，当消费者进行高介入产品购买决策时，国家品牌发挥汇总效应，即国家品牌的三个层面之间的关系为：“认知品类形象→‘Made in’形象→认知国家形象”。此研究结果证实了更新的光环－汇总效应模型，对光环－汇总效应模型（Han，1989）进行了很好的补充。

第三，本研究发现，认知品类形象与“Made in”形象均通过中介变量情感品类形象间接影响购买意向。这表明，当进行高介入产品购买决策时，消费者对国家品牌的认知、情感和行为意向之间的关系为：“认知（认知品类形象、‘Made in’形象）→情感（情感品类形象）→行为意向（购买意向）。”该研究成果扩展了 ABC 态度模型（Solomon，2015）在国家品牌研究领域的应用。

第四，本研究发现，“Made in”形象、认知品类形象、情感品类形象和消费者敌意对购买意向的总效应均显著。这表明，当消费者进行高介入产品购买决策时，态度（消费者对国家品牌的认知与情感）和主观规范（消费者敌意）共同影响消费者的行为意向（购买意向）。且就汽车购买决策而言，情感汽车形象对购买意向的正向影响强于消费者敌意的负向影响。此研究成果扩展了理性行为理论（Fishbein，Ajzen，1975）在国家品牌研究领域的应用，并能为现实中的矛盾现象提供良好的理论解释（大部分中国消费者对日本怀有敌意，但日系车在中国却十分畅销）。

第五，让笔者始料未及的是，消费者敌意对情感品类形象与购买意向之间关系的负向调节作用不显著。有研究指出，当个体处于高压力状态下或当正面、负面情感均处于高唤醒水平下，且两者都非常强烈时，正面、负面情感才是反向联系的（Reich，Zautra，2002）。随着中国经济的发展与中国人收入的提高，汽车购买决策不会给中国消费者造成过大压力。此外，据美国福克斯新闻网 2016 年 9 月报道，中日近期未发生重大冲突，两国关系有望回到正常发展轨道。可见，现阶段中国消费者对日本的敌意未被完全唤醒，也并非特别强烈。以上原因可能导致消费者敌意与情感汽车形象对购买意向的交互效应不显著。除此之外，认知国家形象对情感品类形象的影响不显著，认知国家形象对购买意向的总效应也不显著。有研究发现，当同时向消费者呈现产品与国家信息时，消费者更多地依据产品信息进行购买决策，而国家信息的影响力下降（d'Astous，Ahmed，1999）。基于此，笔者推测：当购买汽车时，如果消费者同时接收到汽车产品信息、特定国家产品信息（"某国制造"）和特定国家整体信息，那么特定国家整体信息（整体国家形象）的影响力下降，消费者主要依据汽车产品（认知汽车形象）与特定国家产品信息（"Made in"形象）进行决策，这可能导致认知国家形象对购买意向的影响不显著。

三、管理决策启示

第一，本研究发现：情感品类形象对购买意向的总效应最强；次之为认知品类形象；再次为"Made in"形象；总效应最弱的是消费者敌意；而认知国家形象对购买意向的总效应不显著。这表明：当消费者进行高介入产品购买决策时，主要考虑产品本身，同时也会考虑产品来源国的制造形象，但不会考虑来源国的整体国家形象。这对中国公司"走出去"无疑是一大利好！虽然中国的国家形象一般（仅在 FutureBrand 的 Country Brand Index 2014—2015 年排行榜上排名第 28 位），但"中国制造"（"Made in"形象）却在 FutureBrand 的"Made in"排行榜上高居第九位。因此，生产汽车、手机和计算机等高介入产品（沈璐，等，2015；姚杰，等，2008）的中国公司应大胆“走出去”。除了大力宣传产品本身的优势，还应联合产业集群与政府等，共同宣传“中国制造”近年来取得的飞速进步（FutureBrand，2014）。

第二，本研究发现：对消费者购买意向总效应最强的是情感品类形象。然而，“中国制造”留给消费者的刻板印象却是性价比出色（夷萍，等，2015）。“性价比”是消费者对产品的性能与价格对比的一种理性认知（夷萍，等，2015）。如何让消费者与中国品牌发生某种情感上的联结？如何让消费者对中国品牌产生情感上的共鸣？这是中国品牌未来需要重点加强的薄弱环节（江亮，2016）。有研究提出企业可从传播的角度与消费者建立品牌情感，认为：如果消费者喜欢一则广告，则这种积极的情感可传递给品牌。广告来源的特征（吸引力、可爱性等）、广告信息（有吸引力的图片、令人愉快的音乐、幽默等）和广告情境（令人喜爱的电视节目、令人愉悦的文章等）均会影响消费者的情感性态度（Hoyer，Maclnnis，2010）。袁登华等（2016）提出在与消费者互动的过程中培养消费者的品牌情感，强调品牌应与消费者合作、向消费者学习、主动适应消费者个性化的动态需求。

第三，本研究发现：当进行高介入产品购买决策时，消费者敌意对购买意向的负向影响虽弱（弱于情感品类形象的正向影响），但却是显著的。因此，生产汽车、消费电子和家电等高介入产品的企业，在向敌意国的消费者进行营销传播时，应重点宣传高质量、高科技和创新等与产品本身相关的特性；也可突出本国制造的优良形象；同时，可通过理性、国际性和个人主义诉求，避免感性、民族性和集体主义诉求的传播策略，以强化国家品牌效应的正面影响，并削弱消费者敌意的负面影响（彭璐珞，2012）。

第四章　有限型产品购买决策模型

第一节　研究假设与研究模型

ABC 态度模型（Solomon，2015）认为，当进行低介入产品购买决策时，消费者一开始并没有形成对各个备选方案的强烈偏好，而是在对各个备选方案仅有有限了解（认知）的情况下就做出决策（行为），并在购买与体验之后才形成评价与感受（情感）。然而，当进行某些低介入产品购买决策（如购买牙膏、香皂和洗衣粉等）时，消费者可能是不假思索的，不一定存在“认知→行为→情感”的决策过程。因此，笔者将低介入层级决策调整为有限型决策（符国群，2015），如购买鞋靴、服饰和箱包等属于有限型购买决策。

基于更新的光环－汇总效应模型，当进行有限型购买决策（如购买运动鞋）时，消费者对来自特定国家的产品不太熟悉，国家品牌发挥光环效应。一个特定国家的认知国家形象作为一种“光环”，影响消费者对该国制造的产品的整体认知（“Made in”形象）。如一个国家的经济与科技发达，消费者就会认为该国制造的产品声誉卓越、技术先进（Wang，Chen，2004）。同时，一个特定国家的认知国家形象作为一种“光环”，影响消费者对该国的特定类别产品的认知（认知品类形象），如日本经济与科技发达，于是消费者认为日本的运动鞋质量好、科技含量高。最后，一个特定国家的“Made in”形象作为一种“光环”，影响消费者对该国的特定类别产品的认知（认知品类形象），如“日本制造”被消费者认为是技术先进、设计精美的（FutureBrand，2014），于是日本运动鞋被消费者认为是科技含量高、设计独具匠心的。

然而，悬而未决的是：认知国家形象是直接影响认知品类形象，还是通过“Made in”形象间接影响认知品类形象？鲜有研究回答该问题。笔者推测：当进行有限型决策时，消费者的信息收集与思考过程有限（符国群，2015），如购买某国的运动鞋时，可能会想到该国制造的产品的整体质量，但很难想到该国的技术、经济等状况。因此，认知国家形象的影响可能是潜移默化的，即不直接影响认知品类形象，而是通过“Made in”形象间接影响认知品类形象。基于此，笔者提出假设1。

假设1：“Made in”形象对认知国家形象与认知品类形象之间的关系起中介作用。

当进行有限型购买决策时，消费者对某一产品类别的备选品牌有一定程度的认知，但未形成对特定品牌的偏好。消费者对决策的介入度相对较低（但不会不假思索），可能使用一些简单的决策规则（如国家品牌），在备选品牌中做出选择（Solomon，2013；符国群，2015）。在购买与体验之后，消费者才能形成对已选品牌的感受与偏好（情感）。

基于以上论述，当进行有限型决策时，从国家品牌的角度来看：首先，消费者会从整体国家层面（认知国家形象）、整体产品层面（“Made in”形象）和类别产品层面（认知品类形象），建立自己对各个备选品牌的大致认知；然后，他们就会进行购买与体验（行为）。然而，鲜有研究探索消费者对国家品牌的认知性态度对其实际行为的影响。此外，认知国家形象、“Made in”形象和认知品类形象，谁对购买与体验的影响最强？回答该问题的研究凤毛麟角。有学者指出，当使用多重线索法研究国家品牌效应（当国家与产品品牌信息同时可得）时，国家品牌信息的影响力下降（d'Astous，Ahmed，1999；杨一翁，孙国辉，2013）。基于此，笔者推测：当国家形象、“Made in”形象和品类形象同时呈现给消费者时，消费者主要依据品类形象做决策。因此，笔者提出假设2～假设5。

假设2：认知国家形象正向影响购买与体验。

假设3：“Made in”形象正向影响购买与体验。

假设4：认知品类形象正向影响购买与体验。

假设5：认知品类形象对购买与体验的影响要强于认知国家形象及“Made in”形象。

基于ABC态度理论（Solomon，2015），笔者认为：当进行有限型决策时，只有在进行购买与体验（行为）之后，消费者才能形成对已选方案的感受与偏好（情感）。例如：只有在购买某款运动鞋并穿着体验一段时间之后，消费者才能对该款运动鞋做出个人的主观评价，并形成是否喜欢它的情感。

然而，很少有研究从国家品牌的角度，探索消费者的实际行为对其情感性态度的影响（Roth，Diamantopoulos，2009）。此外，根据ABC态度模型（Solomon，2015），当进行有限型决策时，消费者的决策过程为“认知→行为→情感”，即消费者的行为对其认知与情感之间的关系起到链式中介作用。所谓链式中介作用是指，多个中介变量表现出顺序性特征，形成中介链，预测变量通过中介链对结果变量产生间接效应（刘亚，2012）。基于以上论述，笔者提出假设6～假设9。

假设6：购买与体验正向影响情感品类形象。

假设7：购买与体验对认知国家形象与情感品类形象之间的关系起中介作用。

假设8：购买与体验对“Made in”形象与情感品类形象之间的关系起中介作用。

假设9：购买与体验对认知品类形象与情感品类形象之间的关系起中介作用。

基于理性行为理论（Fishbein，Ajzen，1975），消费者的认知性态度、情感性态度和主观规范共同影响其行为意向。认知整体国家形象、整体产品形象和认知类别产品形象代表消费者的认知性态度；情感类别产品形象代表消费者的情感性态度。

如第三章所述，笔者选择消费者敌意作为与国际营销相关的主观规范构建研究模型。有学者发现，某一因素引发消费者敌意后，消费者购买意向会降低，这会促使其改变购买行为，即由原本打算购买转变为放弃购买，或转而购买其他国家的产品（Shoham et al.，2006）。这表明：消费者敌意的影响结果既涉及行为意向层面，又涉及实际行为层面（郭功星，等，2014）。然而，很少有研究探索消费者敌意对其实际购买与体验行为的直接影响。基于此，笔者提出假设10。

假设10：消费者敌意负向影响购买与体验。

根据国际知名民调机构皮尤研究中心（Pew Research Center）于2016年10月发布的一份报告，高达86%的中国人对日本怀有某种敌意。然而，来自日本的运动鞋品牌美津浓、亚瑟士和尤尼克斯等在中国却十分畅销。据《都市快报》2016年4月报道，武林银泰运动馆去年整个运动楼层相比前一年产品销量增长了50%，其中专业跑鞋贡献颇大，亚瑟士的销量同比增长更是高达300%。笔者身边喜爱打羽毛球的消费者均以脚踏一双尤尼克斯的羽毛球鞋为豪。在天猫美津浓官方旗舰店上，一款名为“Wave Impetus 3”的跑鞋月销量达到462双，累计评价高达1160条。从数据来看，中国消费者对日本的敌意似乎并没有阻止中国消费者购买日本运动鞋的热情。因此，笔者推测：认知性态度对购买与体验的正向影响要强于消费者敌意的负向影响，并提出假设11。

假设11：认知品类形象对购买与体验的影响强于消费者敌意。

在一次消费决策过程中，消费者常常带有多种、相互冲突的情感（Wharton，Lau，2001）。个别研究发现：消费者敌意会削弱消费者态度对其购买意向的正向影响（Kaeeni，Heidarzadeh，2014）。日本的国家形象在FutureBrand的Country Brand Index排行榜上独占鳌头；“日本制造”在FutureBrand的“Made in”排行榜上高居第四；日本的美津浓、亚瑟士和尤尼克斯等运动鞋品牌享誉全球。以上都可能促使消费者购买与体验日本运动鞋。与之相反，消费者敌意可能会阻碍消费者购买与体验日本运动鞋（郭功星，等，2014）。与第三章研究的汽车购买决策不同，运动鞋价格相对便宜，对消费者的象征性意味不如汽车那样浓厚（王霞，等，2012；王颖，李英，2013）；且即使在中日关系紧张时期，购买日本运动鞋也不存在如购买日系车那样的高风险（可能被砸、被拒绝加油和被周围爱国人士戴有色眼镜看待）。以上使得消费者在购买运动鞋时受到的社会规范压力较小（戴维·迈尔斯，2014）。那么，消费者敌意会削弱认知性态度对购买与体验的正向影响吗？探索该问题的研究寥寥无几，因此，笔者提出假设12～假设14。

假设12：消费者敌意对认知国家形象和购买与体验之间的关系起负向调节作用。

假设13：消费者敌意对“Made in”形象和购买与体验之间的关系起负向调节作用。

假设 14：消费者敌意对认知品类形象和购买与体验之间的关系起负向调节作用。

综上所述，笔者构建如图 4－1 所示的有限型产品购买决策模型：

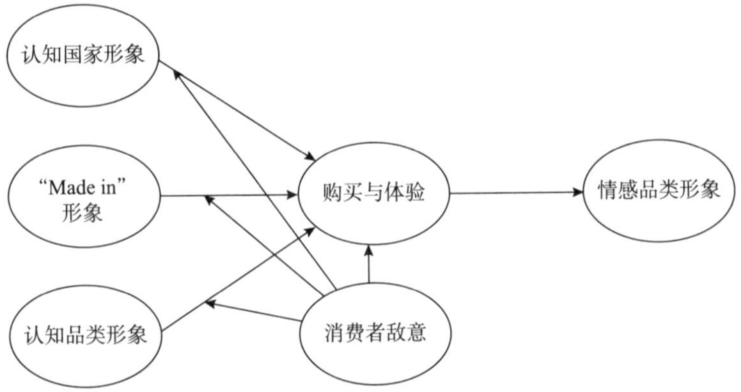

图 4－1　有限型产品购买决策模型

注：消费者敌意为二阶构面，包括一般敌意、战争敌意和经济敌意三个一阶构面（Klein，2002）。

第二节　研究方法

一、问卷设计

根据笔者前期预调查的结果，购买运动鞋对大多数消费者来说是一种有限型购买决策。在购买运动鞋时，消费者花费的时间、精力不如购买汽车、手机和计算机等，但不会像购买牙膏、香皂和洗衣粉等一样不假思索。此外，为了探索消费者敌意对其购买与体验运动鞋的影响，笔者选择日本、日本产品和日本运动鞋作为研究对象。最后，品类形象的维度与测量应该根据产品类别的不同而进行相应调整（Parameswaran，Pisharodi，1994；李东进，等，2008）。因此，笔者以"认知运动鞋形象"代替原模型中的"认知品类形象"；以"情感运动鞋形象"代替原模型中的"情感品类形象"。

问卷共包括七个部分：第一部分为"认知国家形象"（二阶构面），包括政治、经济、历史/文化、技术四个一阶构面（Fetscherin，2010；Martin，Eroglu，1993）；第二部分为"'Made in'形象"（二阶构面），包括创新、设计、声誉和工艺四个一阶构面（Narayana，1981；Roth，Romeo，1992）；第三部分为“认知运动鞋形象”；第四部分为“购买与体验”；第五部分为“消费者敌意”（二阶构面），包括一般敌意、战争敌意和经济敌意三个一阶构面（Klein，2002）；第六部分为“情感运动鞋形象”；第七部分为“个人信息”，包括消费者的性别、年龄、每月用于购买运动装备的开支、参加运动的频率四个问项。除个人信息外，其他问项均使用7点李克特量表来测量，1表示“完全不同意”，7表示“完全同意”。

问卷中的问项主要来源于现有文献，并根据实际情况进行了调整。问卷共进行了三轮修改。①第一轮修改。参与人为北京某高校的教师与研究生，通过讨论的方式对原始问项进行了修改，删除了不合适的问项，并补充了必要的问项。②第二轮修改。采用预调查的方式，调查了笔者身边20位已购买过日本运动鞋的消费者，删除了内容重复、难以理解的问项，进一步完善了问卷的措辞，使其清晰易懂。③第三轮修改。将问卷提交给北京某高校的三位教授，对问卷进行了最终修订。通过以上三轮修改得到正式调查问卷（见表4－1）。

表4－1　有限型产品购买决策模型的构面、问项及其来源

<table>
<tr><th>二阶构面</th><th>一阶构面</th><th>问项</th><th>问项内容</th><th>问项来源</th></tr>
<tr><td rowspan="9">消费者敌意</td><td rowspan="3">一般敌意</td><td>GA1</td><td>我对日本感到愤怒</td><td rowspan="9">Klein（2002）</td></tr>
<tr><td>GA2</td><td>我喜欢日本</td></tr>
<tr><td>GA3</td><td>我不喜欢日本</td></tr>
<tr><td rowspan="3">战争敌意</td><td>WA1</td><td>因为“二战”，我仍对日本感到愤怒</td></tr>
<tr><td>WA2</td><td>我对日本不正视历史感到愤怒</td></tr>
<tr><td>WA3</td><td>因为南京大屠杀，我不会原谅日本</td></tr>
<tr><td rowspan="3">经济敌意</td><td>EA1</td><td>日本正在利用中国</td></tr>
<tr><td>EA2</td><td>因为日本与中国进行贸易往来的方式，我对日本感到愤怒</td></tr>
<tr><td>EA3</td><td>在中日的贸易往来中，中国比日本更公平</td></tr>
<tr><td colspan="2" rowspan="5">认知国家形象</td><td>CCI1</td><td>日本十分富裕</td><td rowspan="5">Li等（2014）</td></tr>
<tr><td>CCI2</td><td>日本经济落后</td></tr>
<tr><td>CCI3</td><td>日本生活水平高</td></tr>
<tr><td>CCI4</td><td>日本科技发达</td></tr>
<tr><td>CCI5</td><td>日本文化独具魅力</td></tr>
</table>

续表

二阶构面	一阶构面	问项	问项内容	问项来源
"Made in" 形象		MII1	日本产品质量差	Li 等（2014）
		MII2	日本产品享誉全球	
		MII3	日本产品技术先进	
		MII4	日本产品耐用性强	
		MII5	日本产品设计精美	
认知运动鞋形象		CSI1	日本运动鞋的科技含量高	秦辉等（2011）
		CSI2	日本运动鞋十分耐穿	
		CSI3	日本运动鞋适合亚洲人脚型	
		CSI4	日本运动鞋外观精美	
		CSI5	日本运动鞋款式设计独具匠心	
		CSI6	日本运动鞋色彩搭配合理	
购买与体验		PE1	我经常购买日本运动鞋	Li 等（2014）
		PE2	未来我可能还会购买日本运动鞋	
		PE3	日本运动鞋穿着舒适	
		PE4	日本运动鞋很适合我的脚型	
		PE5	穿着日本运动鞋走路与运动非常舒服	
情感运动鞋形象		ASI1	我喜欢日本运动鞋	Qu 等（2011）
		ASI2	对拥有一双日本运动鞋，我感到兴奋	
		ASI3	对拥有一双日本运动鞋，我感到快乐	
		ASI4	对拥有一双日本运动鞋，我感到自豪	
		ASI5	对拥有一双日本运动鞋，我感到满足	

注：GA 指 General Animosity（一般敌意）；WA 指 War Animosity（战争敌意）；EA 指 Economic Animosity（经济敌意）；CCI 指 Cognitive Country Image（认知国家形象）；MII 指 Made in Image（"Made in"形象）；CSI 指 Cognitive Sneaker Image（认知运动鞋形象）；PE 指 Purchase and Experience（购买与体验）；ASI 指 Affective Sneaker Image（情感运动鞋形象）。

为了避免数据同源偏差问题，笔者特意设计了三道反向测项（黄敏学，等，2015），分别为"日本经济落后""日本产品质量差""我喜欢日本"，旨在通过这些反向测项来排除那些明显自相矛盾的样本。

二、数据收集

由于需要测量消费者对日本运动鞋的实际购买与亲身体验，并测量其体验之后对日本运动鞋产生的情感，笔者以购买与穿着过日本运动鞋的消费者为调查对象进行问卷调查。笔者在问卷开头设置了这样一段话："如果您购买、穿着体验过日本的运动鞋（如美津浓、亚瑟士、尤尼克斯等），请填写本问卷；如果没有，请不要填写，以免对研究结果造成干扰。谢谢!"——通过这种方式，将调查对象锁定为日本运动鞋的实际购买与使用者。

笔者通过在线问卷调查平台"问卷星"创建与发布问卷，并将问卷分享到笔者的各种微信群。由于笔者平时酷爱运动，所以结识了很多热爱运动的朋友。在说明问卷调查的目的之后，笔者请求他们帮忙填写问卷，得到了非常积极的响应。与此同时，身为高校教师，笔者一直讲授《市场营销管理》与《消费者行为学》两门课程，笔者请求上过课的大学生帮忙填写问卷，并给予一定的学分奖励。大学生平时热爱运动，喜欢穿着运动服、运动鞋。因此，以上两类人群均为运动鞋的实际使用群体，适合作为本研究的主要调查对象。笔者给予每位填写者大约两元的微信红包奖励，因此问卷调查非常顺利，于2016年12月20日开始，12月31日结束。共收回问卷260份，在使用反向测项排除掉那些自相矛盾的问项之后，共得到有效问卷236份。样本特征如表4－2所示：

表4－2　有限型产品购买决策模型的样本特征

项目	分类	人数（人）	百分比
性别	男性	116	49.2%
	女性	120	50.8%
年龄段	25岁以下	149	63.1%
	26～30岁	16	6.8%
	31～40岁	51	21.6%
	41～50岁	14	5.9%
	50岁以上	6	2.6%
每月用于购买运动装备的开支	200元以下	97	41.1%
	200～499元	73	30.9%
	500～999元	46	19.5%
	1000～2000元	15	6.4%
	2000元以上	5	2.1%

续表

项目	分类	人数（人）	百分比
参与运动的频率	每天都运动	33	14.0%
	两三天运动一次	82	34.7%
	一周运动一次	68	28.8%
	几乎不运动	53	22.5%

从性别来看，男性样本与女性样本的数量几乎相等；从年龄段来看，由于调查对象主要为大学生群体，其年龄集中在 25 岁以下（占 63.1%）；从每月用于购买运动装备的开支来看，59.9%的样本平均每月花费超过 200 元购买运动装备，可见本研究的调查对象较理想；从参与运动的频率来看，几乎不运动的样本仅占 22.5%，大部分样本为各大运动品牌的目标顾客群体。由于本研究选择的调查对象主要为大学生群体，所以调查其收入与教育程度意义不大，因此笔者在设计问卷时没有加入这两项常见的人口统计变量。

三、统计分析方法

笔者构建的研究模型较复杂，共含九个构面，其中消费者敌意（含一般敌意、战争敌意和经济敌意三个一阶构面）为二阶构面。偏最小二乘结构方程模型（PLS－SEM）在处理复杂的结构模型时独具优势（Hair et al.，2014）。故笔者使用 SmartPLS v. 3. 2. 6 软件进行数据分析。在如图 4－1 所示的结构模型中，购买与体验被四个箭头指到，为所有构面中最多。根据海尔等（Hair et al.，2014）的建议，在 $\alpha = 0.05$ 的显著性水平下，要检验出最小 0. 10 的 R^2 值，最小样本量为 137 个。本研究的有效样本量为 236 个，满足要求。

第三节　数据分析

一、外模型

在 PLS－SEM 中，指标变量与潜在构面之间的关系称为外模型。

1. 信度检验

海尔等（Hair et al.，2014）建议，问项的因子载荷应大于 0. 708 的限制性水平。笔者运用 SmartPLS v. 3. 2. 6 软件进行数据分析，发现：关于“认知国家形象”的一个问项（CCI5）、关于“消费者敌意”的三个问项（WA2、EA1、EA3），它们的因子载荷小于 0. 708 的限制性水平。当出现这种情况时，海尔等（Hair et al. ，2014）建议的处理方法是：①如果问项的因子载荷小于 0. 4，则直接删除该问项。②如果问项的因子载荷在 0. 40 ~ 0. 7，可以尝试删除该问项，若删除之后该问项所测量构面的平均变异萃取值（*AVE*）增加至大于 0. 5 的限制性水平，且组成信度（*CR*）增加至大于 0. 7 的限制性水平，则删除该问项，反之则保留该问项。依据该处理方法，笔者删除问项 WA2、EA1，保留问项 CCI5、EA3。笔者对剩余的问项重新排序，得到数据分析用的问项。同时，笔者运用 SPSS 18. 0 软件将设计的三道反向测项（CCI2、MII1、GA2）的得分进行转换（旧值 1 = 新值 7；旧值 2 = 新值 6；旧值 3 = 新值 5；旧值 4 = 新值 4；旧值 5 = 新值 3；旧值 6 = 新值 2；旧值 7 = 新值 1）。并运用 SmartPLS v. 3. 2. 6 软件进行信度检验与收敛效度检验（见表 4 – 3）。

表 4 – 3　有限型产品购买决策模型的信度与收敛效度检验

构面	问项	平均值	标准差	因子载荷	Cronbach's α	*CR*	*AVE*
认知国家形象（CCI）	CCI1	4. 606	1. 201	0. 785	0. 861	0. 901	0. 648
	CCI2	5. 288	1. 132	0. 841			
	CCI3	4. 847	1. 125	0. 853			
	CCI4	5. 356	1. 093	0. 866			
	CCI5	4. 581	1. 401	0. 662			
“Made in”形象（MII）	MII1	5. 254	1. 226	0. 802	0. 867	0. 904	0. 654
	MII2	4. 695	1. 116	0. 836			
	MII3	5. 127	1. 105	0. 860			
	MII4	4. 890	1. 167	0. 810			
	MII5	4. 809	1. 102	0. 728			
认知运动鞋形象（CSI）	CSI1	4. 157	0. 985	0. 727	0. 880	0. 910	0. 627
	CSI2	4. 301	1. 028	0. 851			
	CSI3	4. 564	0. 996	0. 723			
	CSI4	4. 165	1. 043	0. 825			
	CSI5	4. 161	1. 012	0. 820			
	CSI6	4. 271	0. 954	0. 798			

续表

构面	问项	平均值	标准差	因子载荷	Cronbach's α	*CR*	*AVE*
消费者敌意（CA）	GA1	4.394	1.412	0.788	0.884	0.910	0.594
	GA2	4.326	1.365	0.758			
	GA3	4.390	1.363	0.863			
	WA1	5.068	1.433	0.820			
	WA3	5.123	1.44	0.778			
	EA1	4.085	1.344	0.719			
	EA2	4.517	1.198	0.649			
购买与体验（PE）	PE1	2.936	1.356	0.733	0.900	0.927	0.718
	PE2	3.864	1.408	0.819			
	PE3	4.191	1.094	0.910			
	PE4	4.119	1.051	0.873			
	PE5	4.110	1.068	0.890			
情感运动鞋影响（ASI）	ASI1	3.746	1.166	0.842	0.939	0.952	0.801
	ASI2	3.242	1.22	0.929			
	ASI3	3.220	1.303	0.945			
	ASI4	2.898	1.337	0.836			
	ASI5	3.136	1.349	0.916			

注：CCI 指 Cognitive Country Image（认知国家形象）；MII 指 Made in Image（"Made in" 形象）；CSI 指 Cognitive Sneaker Image（认知运动鞋形象）；CA 指 Consumer Animosity（消费者敌意）；GA 指 General Animosity（一般敌意）；WA 指 War Animosity（战争敌意）；EA 指 Economic Animosity（经济敌意）；PE 指 Purchase and Experience（购买与体验）；ASI 指 Affective Sneaker Image（情感运动鞋形象）。

各构面的 Cronbach's α 与 *CR* 均大于 0.7 的限制性水平（Bagozzi，Yi，1988），这表明量表有良好的信度（见表 4－3）。

2. 效度检验

（1）收敛效度。各构面的 *AVE* 均大于 0.5 的限制性水平（Bagozzi，Yi，1988），这表明量表有良好的收敛效度（见表 4－3）。

（2）区别效度。每个构面的 *AVE* 的平方根值均大于它与其他构面的相关系数（Fornell，Larcker，1981），这表明量表具有良好的区别效度（见表 4－4）。

表 4-4　有限型产品购买决策模型的区别效度检验

构　面	"Made in" 形象	情感运动鞋形象	消费者敌意	认知国家形象	认知运动鞋形象	购买与体验
"Made in" 形象	**0.808**					
情感运动鞋形象	0.286	**0.895**				
消费者敌意	-0.277	-0.457	**0.771**			
认知国家形象	0.776	0.295	-0.307	**0.805**		
认知运动鞋形象	0.556	0.507	-0.245	0.439	**0.792**	
购买与体验	0.418	0.637	-0.356	0.394	0.65	**0.847**

注：对角线上的粗体数值为各构面的 *AVE* 的平方根值，其他数值为构面间的相关系数。

3. 数据同源偏差分析

笔者参考黄敏学等（2015）的方法进行同源偏差分析。第一，为了避免由同一位调查对象填写问卷造成的同源偏差问题，笔者在某些构面的测项中特意设置了三道反向测项："日本经济落后""日本产品质量差""我喜欢日本"。通过这三道反向测项来排除那些明显自相矛盾的样本。第二，笔者采用两种方法对数据进行检验。第一种方法是 Harman 的单因子检验法，即对全部构面的测项进行探索性因子分析，如果未旋转之前的第一个因子方差解释率超过50%，表明同源偏差较大。SPSS 18.0 软件分析的结果表明，第一个因子的方差解释率为35.696%，小于50%，说明数据的同源偏差在可接受的范围之内。第二种方法是检验构面之间的相关系数，如果构面之间的相关系数大于0.9，表明同源偏差较大。由表4-4可知，构面之间的相关系数最大者为0.776，小于0.9，表明本研究的测量数据是可靠的。由以上可知，本研究的数据同源偏差问题不严重。

4. 多重共线性检验

根据海尔等（Hair et al.，2014）的建议，笔者通过以下两个步骤检验多重共线性。第一步，使用方差膨胀因子（Variance Inflation Factor，VIF）进行多重共线性检验，如果 VIF 大于5，表明多重共线性问题较严重。数据分析结果显示，构面间的 VIF 最大者为2.940，表明变量间的多重共线性不严重。第二步，笔者采用 Bootstrapping 抽样 5000 次，发现所有问项的外部权重（Outer Weights）均在 $\alpha=0.05$ 的显著性水平下显著。以上两个步骤表明，变量间的多重共线性不严重，所有问项均保留。

二、内模型

在 PLS - SEM 中，潜在构面之间的关系称为内模型。

1. 路径分析与假设检验

根据海尔等（Hair et al.，2014）的建议，笔者采用 Bootstrapping 抽样 5000 次，得到内模型的路径分析与假设检验结果（见表 4 - 5）。

表 4 - 5　结构模型路径系数的显著性检验（有限型产品购买决策模型，α = 0.05）

结构模型路径	路径系数	t 值	p 值	假设检验结果
认知国家形象→"Made in"形象	0.775	20.500	0.000	显著
"Made in"形象→认知运动鞋形象	0.556	7.865	0.000	显著
认知国家形象→购买与体验	0.122	1.289	0.198	不显著
"Made in"形象→购买与体验	-0.052	0.559	0.576	不显著
认知运动鞋形象→购买与体验	0.579	9.386	0.000	显著
消费者敌意→购买与体验	-0.193	2.923	0.003	显著
购买与体验→情感运动鞋形象	0.640	15.302	0.000	显著

注：Bootstrapping 抽样 5000 次，检验类型为双尾检验，显著性水平 α = 0.05。

由表 4 - 5 可知，认知国家形象与"Made in"形象对购买与体验的影响不显著，不用进一步检验中介效应也可知：购买与体验对认知国家形象和情感运动鞋形象之间的中介作用不显著；购买与体验对"Made in"形象和情感运动鞋形象之间的中介作用不显著。认知运动鞋形象显著地正向影响购买与体验，假设 4 得到支持。消费者敌意显著地负向影响购买与体验，假设 10 得到支持。购买与体验显著地正向影响情感运动鞋形象，假设 6 得到支持。

2. 中介效应检验

笔者使用 Sobel 检验（Sobel，1982）、Aroian 检验（Aroian，1947）和 Goodman 检验（Goodman，1960）进行中介效应检验（见表 4 - 6）。

由表 4 - 6 可知，认知国家形象（CCI）通过中介变量"Made in"形象（MII）间接影响认知运动鞋形象（CSI），这表明假设 1 得到支持。认知运动鞋形象（CSI）通过中介变量购买与体验（PE）间接影响情感运动鞋形象（ASI），这表明假设 9 得到支持。

表 4－6　有限型产品购买决策模型的中介效应检验

构面关系	衡量构面	路径系数 t 值	Sobel 检验的 z 值	Aroian 检验的 z 值	Goodman 检验的 z 值	中介效应显著性
CCI→MII→CSI	CCI→MII	20. 500	7. 343 ***	7. 336 ***	7. 351 ***	显著
	MII→CSI	7. 865				
CSI→PE→ASI	CSI→PE	9. 386	8. 001 ***	7. 988 ***	8. 013 ***	显著
	PE→ASI	15. 302				

注：①＊表示 p 值 <0.05；＊＊表示 p 值 <0.01；＊＊＊表示 p 值 <0.005；

②CCI 指 Cognitive Country Image（认知国家形象）；MII 指 Made in Image（“Made in”形象）；CSI 指 Cognitive Sneaker Image（认知运动鞋形象）；PE 指 Purchase and Experience（购买与体验）；ASI 指 Affective Sneaker Image（情感运动鞋形象）。

3. 调节效应检验

由于认知国家形象与“Made in”形象对购买与体验的影响不显著，不用进一步检查消费者敌意的调节作用（均不显著）；只需检验消费者敌意对认知运动鞋形象和购买与体验之间关系的调节作用。消费者敌意、认知运动鞋形象、购买与体验均为反映性测量模型，笔者使用产品指标计算方法（Product Indicator Approach）检验调节效应（Hair et al.，2014）。根据海尔等（Hair et al.，2014）推荐的方法（以均值为中心产生乘积项），笔者使用 SmartPLS v. 3. 2. 6软件生成以消费者敌意为调节变量，以认知运动鞋形象为自变量，以购买与体验为因变量的调节效应变量（见图 4－2）。

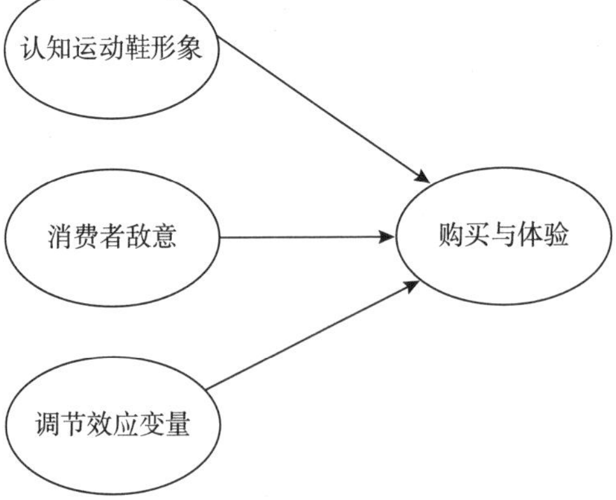

图 4－2　产品指标法调节效应检验

笔者检验以认知运动鞋形象、消费者敌意和调节效应变量为自变量，以购买与体验为因变量的影响模型，对此模型进行信度与效度检验，发现效度、收敛效度和区别效度良好。同时，笔者进行数据同源偏差分析与多重共线性检验，发现数据同源偏差问题与变量间的多重共线性均不严重。根据海尔等（Hair et al.，2014）的建议，笔者采用 Bootstrapping 抽样 5000 次，得到路径分析与假设检验结果（见表 4－7）。

表 4－7　有限型产品购买决策模型的调节效应检验

结构模型路径	路径系数	t 值	p 值	检验结果
调节效应变量→购买与体验	0.049	0.437	0.662	不显著
认知运动鞋形象→购买与体验	0.553	8.523	0.000	显著
消费者敌意→购买与体验	－0.182	2.896	0.004	显著

注：Bootstrapping 抽样 5000 次，检验类型为双尾检验，显著性水平 $\alpha=0.05$。

由表 4－7 可知，调节效应不显著，即消费者敌意对认知运动鞋形象和购买与体验之间关系的负向调节作用不显著，假设 14 没有得到支持。

4. 总效应检验

由表 4－8 可知，认知运动鞋形象对购买与体验的总效应最强（0.553），其次为认知国家形象（0.320），再次为“Made in”形象（0.259），总效应最弱的是消费者敌意（－0.182），四者对购买与体验的总效应均是显著的。认知运动鞋形象对购买与体验的影响要强于认知国家形象、“Made in”形象和消费者敌意，假设 5、假设 11 得到支持。此外，虽然认知国家形象及“Made in”形象对购买与体验的直接影响不显著，但是它们通过认知运动鞋形象间接影响购买与体验。

表 4－8　有限型产品购买决策模型的总效应显著性检验

结构模型路径	总效应	t 值	p 值	总效应显著性
认知国家形象→购买与体验	0.320	4.689	0.000	显著
“Made in”形象→购买与体验	0.259	2.749	0.006	显著
认知运动鞋形象→购买与体验	0.553	8.523	0.000	显著
消费者敌意→购买与体验	－0.182	2.896	0.004	显著

注：①Bootstrapping 抽样 5000 次，检验类型为双尾检验，显著性水平 $\alpha=0.05$；

②总效用＝直接效应 ＋ 间接效应。

5. 解释力检验

根据海尔等（Hair et al.，2014）的建议，当研究消费者行为时，若 R^2 值大于0.20，说明模型有较好的解释力。在笔者构建的结构模型中（见图4－1），情感运动鞋形象被解释的方差（R^2 值）为0.411，购买与体验的 R^2 值为0.495，“Made in”形象的 R^2 值为0.603，认知运动鞋形象的 R^2 值为0.314，四者均大于0.20的限制性水平，这表明模型的解释力较好。

第四节　结论与讨论

一、研究结论

数据分析的结果如表4－9所示：

表4－9　数据分析结果汇总（有限型产品购买决策模型）

假设	假设内容	假设检验结果
假设1	“Made in”形象对认知国家形象与认知品类形象之间的关系起中介作用	支持
假设2	认知国家形象正向影响购买与体验	不支持
假设3	“Made in”形象正向影响购买与体验	不支持
假设4	认知品类形象正向影响购买与体验	支持
假设5	认知品类形象对购买与体验的影响要强于认知国家形象及“Made in”形象	支持
假设6	购买与体验正向影响情感品类形象	支持
假设7	购买与体验对认知国家形象与情感品类形象之间的关系起中介作用	不支持
假设8	购买与体验对“Made in”形象与情感品类形象之间的关系起中介作用	不支持
假设9	购买与体验对认知品类形象与情感品类形象之间的关系起中介作用	支持
假设10	消费者敌意负向影响购买与体验	支持
假设11	认知品类形象对购买与体验的影响强于消费者敌意	支持
假设12	消费者敌意对认知国家形象和购买与体验之间的关系起负向调节作用	不支持
假设13	消费者敌意对“Made in”形象和购买与体验之间的关系起负向调节作用	不支持
假设14	消费者敌意对认知品类形象和购买与体验之间的关系起负向调节作用	不支持

二、理论贡献

第一，现有研究仅仅考虑了国家形象的认知与情感因素，但未考虑品类形象的认知与情感因素。本研究结合国家品牌的三个层面（整体国家、整体产品和类别产品层面）与两个因素（认知与情感），更全面地探索了有限型产品购买决策下的国家品牌效应，进一步丰富了国家品牌理论。

第二，本研究提出更新的光环－汇总效应模型，并发现：认知国家形象通过中介变量“Made in”形象间接影响认知品类形象。这表明当消费者进行有限型产品购买决策时，国家品牌发挥光环效应，即国家品牌的三个层面之间的关系为：“认知国家形象→‘Made in’形象→认知品类形象”。此研究结果证实了更新的光环－汇总效应模型，对光环－汇总效应模型（Han，1989）进行了进一步的补充。

第三，探索消费者的实际购买与体验行为和其认知及情感之间关系的研究屈指可数，本研究发现：认知品类形象通过中介变量购买与体验间接影响情感品类形象。这表明当进行有限型产品购买决策时，消费者对国家品牌的认知、情感和行为之间的关系为：“认知（认知品类形象）→行为（购买与体验）→情感（情感品类形象）。”此研究成果扩展了 ABC 态度模型（Solomon，2015）在国家品牌研究领域的应用。

第四，本研究发现，认知品类形象、情感品类形象和消费者敌意对购买与体验的总效应均显著。这表明当消费者进行有限型产品购买决策时，态度（消费者对国家品牌的认知）和主观规范（消费者敌意）共同影响消费者的行为（购买与体验）。且就运动鞋购买决策而言，认知品类形象对购买与体验的正向影响最强；消费者敌意对购买与体验的负向影响最弱。此研究成果扩展了理性行为理论（Fishbein，Ajzen，1975）在国家品牌研究领域的应用，并能为现实中的矛盾现象提供良好的理论解释（大部分中国消费者对日本怀有敌意，日本运动鞋在中国却十分畅销）。

第五，出乎笔者意料的是，认知国家形象和“Made in”形象对购买与体验的直接影响均不显著，两者都只能通过中介变量认知品类形象间接影响购买与体验。笔者提供以下两方面解释：①多重线索。有学者指出，当使用多重线索法研究国家品牌效应（当国家与产品品牌信息同时可得）时，国家品牌的影响力下降（d'Astous，Ahmed，1999；杨一翁，孙国辉，2013）。在笔者构建的有限型产品购买决策模型中，整体国家（认知国家形象）、整体产品（“Made in”形象）和类别产品层面（认知运动鞋形象）三类信息均呈现给消费者，这导致认知国家形象及“Made in”形象对购买与体验的影响下降，消费者主要依据认知运动鞋形象进行决策。②产品生命周期。有研究发现，国家品牌的影响力大小在不同的产品生命周期中不同，在导入期比成长期和成熟期更有效。在导入期使用国家形象能使出口商以一种比使用产品名称更快的方式渗入市场。当产品生命周期推进时，一般趋势是逐渐从使用国家品牌转向使用产品名称，并专注于建立强势和与众不同的产品品牌（Niss，1996）。本书的研究对象为运动品牌，这是一个成熟的行业，按照上述观点，国家品牌的影响力减弱。以上两方面原因可能导致国家形象及“Made in”形象对购买与体验的直接影响不显著。

此外，消费者敌意对认知品类形象和购买与体验之间关系的负向调节作用也不显著。这可能是因为：运动鞋购买决策对大部分消费者来说并非一种十分重要的购买决策；运动鞋对消费者的象征性意味不高（王霞，等，2012；王颖，李英，2013）；消费者在购买日本运动鞋时不会承受过高的社会规范压力（戴维·迈尔斯，2014）。以上导致消费者对运动鞋的购买与消费行为主要取决于其对某个运动鞋品牌的理性认知，这可能使得消费者敌意难以削弱认知性态度对购买与体验的正向影响。

三、管理决策启示

第一，本研究发现：认知品类形象对购买与体验的正向影响强于消费者敌意的负向影响；认知国家形象与“Made in”形象对购买与体验的直接影响不显著。这说明：当消费者进行有限型产品购买决策时（如购买运动鞋、服饰和箱包等），主要依据产品本身做出决策。这对中国公司“走出去”是一大利好！如中国的各大运动鞋品牌应该与行业协会精诚合作，共同提高中国运动鞋在国际上的美誉度。

第二，本研究发现：当进行有限型产品购买决策时，消费者敌意对购买与体验的总效应虽最弱（弱于认知品类形象、“Made in”形象和认知国家形象），但却是显著的。因此，生产鞋靴、服饰和箱包等产品的企业，在向敌意国的消费者进行营销传播时：①应该重点宣传高质量、高科技和创新等与产品本身相关的特性；②可通过理性、国际性和个人主义诉求，避免感性、民族性和集体主义诉求的传播策略，以强化国家品牌效应的正面影响，并削弱消费者敌意的负面影响（彭璐珞，2012）；③可以使用区域品牌（如“亚洲品牌”），而不是国家品牌，以减轻消费者对本国的成见（杨一翁，孙国辉，2013）。

第三，本研究发现：购买与体验显著地正向影响情感品类形象。基于此，笔者建议运动鞋品牌：①进行线上营销时，可推出丰富多彩的“免费试穿”活动，让消费者先充分体验，再决定是否付款购买；②在线下多建立运动体验店，让消费者亲身体验到本品牌与众不同的优势，并围绕这一优势开展进一步的营销活动。

第五章　体验型决策模型

第一节　研究假设与研究模型

随着体验经济时代的到来，旅游体验的重要性越发凸显（潘澜，等，2016）。旅游是一种体验性很强的消费决策，旅游体验为消费者带来的生理与心理上的感受，不仅能使消费者留下深刻的印象，还会影响消费者以后再面临类似问题时进行决策的过程（潘澜，等，2016）。可见，出境旅游决策是一种体验型决策。

基于 ABC 态度模型（Solomon，2015），在进行出境旅游决策时，消费者一开始对某个特定目的地不太了解，仅仅因为自己喜欢该目的地（情感）就决定去旅游，在亲身旅游与体验（行为）之后，才会形成对该目的地的认知（如当地人民是否友好、该地是否好玩、各种旅游设施是否齐全等），以及对该目的地所在国家的认知（经济、历史、文化等）。基于以上论述，笔者提出假设 1 ~ 假设 3。

假设 1：情感目的地形象正向影响旅游与体验。

假设 2：旅游与体验正向影响认知目的地形象。

假设 3：旅游与体验正向影响认知国家形象。

大量研究探索了消费者敌意对其产品购买决策的影响（Riefler，Diamantopoulos，2007）。学者们认为：消费者敌意直接影响购买意向；但这种影响不取决于产品评价的中介作用（郭功星，等，2014）。这意味着消费者在对某国产生敌意之后可能不愿意购买该国产品，但消费者对该国产品的评价却不会因此而扭曲（Klein et al.，1998）。消费者敌意负向影响购买意向，这一结论已得到大量实证研究的支持（Klein et al.，1998；Lee，2013）。旅游是一种特殊而重要的产品形式（郭功星，等，2016），但仅有个别研究实证检验了消费者敌意对其旅游意向的负向影响（郭功星，等，2016）。

2014 年发生的“马航飞机失联事件”令人心痛，而马来西亚政府善后处理的不当却更令人寒心，引起中国各界人士的广泛批评，包括名人、明星和网友在内，均号召发起对马来西亚的抵制活动。随着这一事件的发酵，中国游客赴马来西亚旅游降入冰点。据马来西亚媒体报道，该事件导致 3 万个中国旅行团迅速取消赴马来西亚旅游。另有媒体估计，该事件致使 2014 年赴马来西亚旅游的中国游客锐减 80 万人，马来西亚旅游业至少损失 80 亿元人民币。无独有偶，2012 年日本购买钓鱼岛事件引发中国人对日本的敌意，李冰冰拒绝赴日参加电影《生化危机 5》的全球首映式，刘德华拒唱日文歌，姚明拒绝代言日本产品，中国多地爆发反日游行。据报道，钓鱼岛事件使赴日旅游一落千丈，2012 年 11 月中国游客赴日旅游人次同比骤降 44%，日本旅游业蒙受的损失可能超过 2011 年日本大地震。上述现象屡见不鲜，笔者推测：国家之间的冲突引发消费者敌意，这种强烈的负面情感会显著地降低消费者到敌意国旅游的意向。因此，笔者提出假设 4。

假设 4：游客敌意负向影响旅游与体验。

基于理性行为理论（Fishbein，Ajzen，1975），消费者态度与主观规范共同影响其行为意向/行为。据国际知名民调机构皮尤研究中心（Pew Research Center）于 2016 年 10 月发布的一份报告，高达 86% 的中国人对日本怀有负面情感。然而，据中国旅游研究院与携程旅游网联合发布的《消费升级——2016 上半年中国出境旅游者报告》，日本却高居中国游客出境游最热门目的地的前三甲。此外，日本政府观光局（JNTO）的数据显示，2016 年上半年共有超过 300 万中国内地游客赴日旅游，占日本同期接待外国游客总人次的 26%（雄踞第一），同比增幅达 41%。为什么中国人对日本的负面情感阻止不了其赴日旅游的热情？笔者推测：这是因为中国消费者对日本的情感性态度（情感目的地形象）对其旅游消费的影响超过主观规范（消费者敌意）的负向影响。基于此，笔者提出假设 5。

假设 5：情感目的地形象对旅游与体验的影响强于游客敌意。

一个有意思但悬而未决的问题是：主观规范是否会削弱情感性态度对行为的正向影响？个别研究发现，消费者敌意会削弱消费者态度对其购买意向的正向影响（Kaeeni，Heidarzadeh，2014）。消费者敌意是否同样会削弱消费者对目的地的情感性态度（情感目的地形象）对其旅游与体验的正向影响？尚未发现有研究探索该问题。基于以上论述，笔者提出假设6。

假设6：游客敌意对情感目的地形象和旅游与体验之间的关系起负向调节作用。

更新的光环－汇总效应模型认为，当消费者对来自特定国家的产品较熟悉时，国家品牌发挥汇总效应。旅游是一种特殊而重要的产品形式（郭功星，等，2016），当消费者到特定国家旅游与体验之后，他/她对该旅游目的地变得熟悉，会将对该地作为一个旅游目的地在吸引物、服务设施、阻碍和氛围等方面的认知（张静儒，等，2015）汇总成对该旅游目的地所在国家在政治、经济、历史/文化和技术等方面的认知（Fetscherin，2010；Martin，Eroglu，1993）。基于此，笔者提出假设7。

假设7：认知目的地形象显著地正向影响认知国家形象。

综上所述，笔者构建体验型决策模型（见图5－1）。

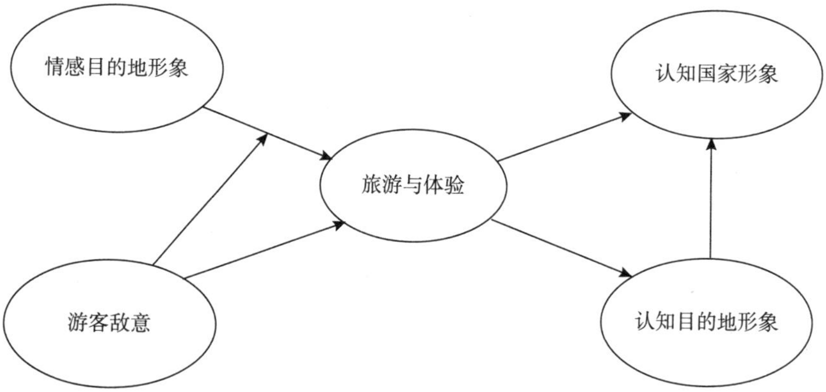

图5－1　体验型决策模型

注：游客敌意、认知国家形象和认知目的地形象三个构面为二阶构面，游客敌意包括一般敌意、战争敌意和经济敌意三个一阶构面（Klein，2002）；认知国家形象包括政治、经济、历史/文化和技术四个一阶构面（Fetscherin，2010；Martin，Eroglu，1993）；认知目的地形象包括吸引物、服务设施、阻碍和氛围四个一阶构面（张静儒，等，2015）。

第二节 研究方法

一、问卷设计

为探索游客敌意对出境旅游意向的影响，笔者选择日本作为研究对象。

问卷共包括六个部分：第一部分为“认知国家形象”（二阶构面），包括政治、经济、技术、历史/文化四个一阶构面（Fetscherin，2010；Martin，Eroglu，1993）；第二部分为“认知目的地形象”（二阶构面），包括吸引物、服务设施、阻碍、氛围四个一阶构面（张静儒，等，2015）；第三部分为“情感目的地形象”；第四部分为“游客敌意”（二阶构面），包括一般敌意、战争敌意和经济敌意三个一阶构面（Klein，2002）；第五部分为“旅游与体验”；第六部分为“个人信息”，包括性别、年龄、教育程度、收入、平均每年用于旅游的支出五个问项。除个人信息外，其他问项均使用7点李克特量表，1表示“完全不同意”；7表示“完全同意”。

问卷中的问项主要源于现有文献，并根据实际情况进行调整。问卷共进行了三轮修改。①第一轮修改。参与人为北京某高校的教师与研究生，通过讨论的方式对原始问项进行修改，删去不合适的问项，并补充必要的问项。②第二轮修改。采用预调查的方式，调查身边20位计划出境旅游的消费者，删去内容重复、难以理解的问项，进一步完善问卷的措辞，使其更清晰易懂。③第三轮修改。将问卷提交给北京某高校的三位教授，对问卷进行最终修订。通过以上三轮修改得到正式调查问卷（见表5-1、表5-2）。

表5-1 体验型决策模型的构面、问项及其来源

二阶构面	一阶构面	问项	问项内容	问项来源
认知国家形象	政治	PO1	日本的民主化程度高	Martin 和 Eroglu（1993）
		PO2	日本的政治稳定	
		PO3	日本积极参与国际事务	
		PO4	在国际事务中，各国对日本的态度友好	
	经济	EC1	日本经济发达	
		EC2	日本经济发展迅速	
		EC3	日本的生活水平高	

续表

二阶构面	一阶构面	问项	问项内容	问项来源
认知国家形象	历史/文化	HC1	日本历史悠久	Martin 和 Eroglu（1993）
		HC2	日本有博大精深的文化	
		HC3	日本有丰富的历史文化遗产	
	技术	TE1	日本的工业化水平高	
		TE2	日本的技术研发水平高	
		TE3	日本的科技发达	
认知目的地形象	吸引物	AT1	日本有众多历史遗址	张静儒等（2015）
		AT2	日本有众多博物馆	
		AT3	日本的自然风光优美	
		AT4	日本有很多特色美食	
	服务设施	FA1	日本的夜生活丰富多彩	
		FA2	日本的娱乐设施丰富	
		FA3	日本有众多购物场所	
		FA4	日本的住宿设施完善	
		FA5	日本的餐饮设施完善	
	阻碍	BA1	去日本旅游很方便	
		BA2	在日本旅游时，我的人身安全能得到保障	
		BA3	日本的环境卫生水平高	
	氛围	ATM1	日本具有异域风情	
		ATM2	日本具有探险氛围	
		ATM3	日本人很友好	
情感目的地形象		ADI1	去日本旅游是令人愉快的	Qu 等（2011）
		ADI2	去日本旅游是令人兴奋的	
		ADI3	去日本旅游是令人放松的	
游客敌意	一般敌意	GA1	我对日本感到愤怒	Klein（2002）；Klein 等（1998）
		GA2	我不喜欢日本	
		GA3	若去日本旅游，我会感受到很强的社会压力	
	战争敌意	WA1	因为“二战”，我仍对日本感到愤怒	
		WA2	我对日本不正视历史感到愤怒	
		WA3	因为南京大屠杀，我不会原谅日本	

续表

二阶构面	一阶构面	问项	问项内容	问项来源
游客敌意	经济敌意	EA1	日本正在利用中国	Klein（2002）；Klein 等（1998）
		EA2	因为日本与中国进行贸易往来的方式，我对日本感到愤怒	
		EA3	在中日的贸易往来中，中国比日本更公平	
旅游与体验		TE1	我经常赴日旅游	李静等（2015）
		TE2	未来我还会赴日旅游	
		TE3	我很享受赴日旅游的过程	
		TE4	我认为赴日旅游决策是明智的	
		TE5	赴日旅游的体验符合我的期望	

注：PO 指 Politics（政治）；EC 指 Economics（经济）；HC 指 History and Culture（历史/文化）；TE 指 Technology（技术）；AT 指 Attractions（吸引物）；FA 指 Facilities（服务设施）；BA 指 Barriers（阻碍）；ATM 指 Atmosphers（氛围）；ADI 指 Affective Destination Image（情感目的地形象）；GA 指 General Animosity（一般敌意）；WA 指 War Animosity（战争敌意）；EA 指 Economic Animosity（经济敌意）；TE 指 Travel and Experience（旅游与体验）。

二、数据收集

笔者以有过赴日旅游经历的消费者为调查对象进行问卷调查。问卷调查的地点为北京市的多家旅行社（中青旅、海洋国际旅行社、众信国际旅行社和康辉旅行社等），以及首都国际机场候机楼等。

问卷调查于 2016 年 4 月开始，至 6 月结束，历时三个月，共收回有效问卷 301 份，样本特征如表 5－2 所示。

表 5－2　体验型决策模型的样本特征

项目	分类	人数（人）	百分比
性别	男性	155	51.5%
	女性	146	48.5%

续表

项目	分类	人数（人）	百分比
年龄	17 岁及以下	13	4.3%
	18～28 岁	121	40.2%
	29～40 岁	93	30.9%
	41～48 岁	39	12.9%
	49～55 岁	24	8.0%
	56 岁及以上	11	3.7%
教育程度	高中及以下	32	10.6%
	大学专科	75	24.9%
	大学本科	113	37.5%
	硕士	73	24.3%
	博士	8	2.7%
月收入	2000 元以下	69	22.9%
	2000～4999 元	100	33.2%
	5000～9999 元	93	30.9%
	1 万～2 万元	28	9.3%
	2 万元以上	11	3.7%
平均每年用于旅游的支出	2000 元以下	66	21.9%
	2000～4999 元	107	35.5%
	5000～9999 元	86	28.6%
	1 万～2 万元	25	8.3%
	2 万元以上	17	5.7%

三、统计分析方法

笔者构建的研究模型较复杂，共含 16 个构面，其中认知国家形象（含四个一阶构面）、认知目的地形象（含四个一阶构面）和消费者敌意（含三个一阶构面）为二阶构面。偏最小二乘结构方程模型（PLS－SEM）在处理复杂的结构模型时独具优势（Hair et al.，2014），故笔者使用 SmartPLS v. 3.2.6 软件进行数据分析。在如图 5－1 所示的结构模型中，旅游与体验和认知国家形象均被两个箭头指到，为所有构面中最多。根据海尔等（Hair et al.，2014）的建议，在 $\alpha=0.05$ 的显著性水平下，要检验出最小 0.10 的 R^2 值，最小样本量为 110 个。本研究的有效样本量为 301 个，满足要求。

第三节　数据分析

一、外模型

1. 信度检验

相关文献建议，问项的因子载荷应大于 0.7 的限制性水平（Hulland，1999）。笔者运用 SmartPLS v. 3.2.6 软件进行数据分析，发现：关于“认知国家形象”的七个问项（PO1、PO2、PO3、PO4、HC1、HC2、HC3）、关于“认知目的地形象”的八个问项（AT1、AT2、FA1、FA2、BA2、ATM1、ATM2、ATM3），它们的因子载荷小于 0.7 的限制性水平。当出现这种情况时，海尔等（Hair et al.，2014）建议的处理方法是：①如果问项的因子载荷小于 0.4，则直接删除该问项。②如果问项的因子载荷在 0.4 ~ 0.7，可以尝试删除该问项；若删除后该问项所测量构面的平均变异萃取值（*AVE*）增加至大于 0.5 的限制性水平，且组成信度（*CR*）增加至大于 0.7 的限制性水平，则删除该问项，反之则保留该问项。依据该处理方法，笔者删除 PO1、PO2、PO3、PO4、HC1、HC2、HC3、AT2、FA1、ATM1、ATM2、ATM3；保留 AT1、FA2、BA2。笔者对剩余的问项重新排序，得到数据分析用的构面与问项，并运用 SmartPLS v. 3.2.6 软件进行信度检验与收敛效度检验（见表 5 - 3）。

表 5 - 3　体验型决策模型的信度与收敛效度检验

构面	问项	平均值（标准差）	因子载荷	Cronbach's α	*CR*	*AVE*
情感目的地形象（ADI）	ADI1	4.21（1.49）	0.950	0.937	0.960	0.888
	ADI2	4.18（1.44）	0.939			
	ADI3	4.24（1.50）	0.938			

续表

<table>
<tr><th>构面</th><th>问项</th><th>平均值（标准差）</th><th>因子载荷</th><th>Cronbach's α</th><th>CR</th><th>AVE</th></tr>
<tr><td rowspan="9">游客敌意
（TA）</td><td>GA1</td><td>4.71（1.52）</td><td>0.837</td><td rowspan="9">0.947</td><td rowspan="9">0.955</td><td rowspan="9">0.702</td></tr>
<tr><td>GA2</td><td>4.54（1.61）</td><td>0.852</td></tr>
<tr><td>GA3</td><td>4.48（1.63）</td><td>0.827</td></tr>
<tr><td>WA1</td><td>4.99（1.50）</td><td>0.888</td></tr>
<tr><td>WA2</td><td>5.31（1.49）</td><td>0.783</td></tr>
<tr><td>WA3</td><td>5.17（1.56）</td><td>0.847</td></tr>
<tr><td>EA1</td><td>4.63（1.53）</td><td>0.853</td></tr>
<tr><td>EA2</td><td>4.42（1.48）</td><td>0.860</td></tr>
<tr><td>EA3</td><td>4.55（1.49）</td><td>0.790</td></tr>
<tr><td rowspan="5">旅游与体验
（TE）</td><td>TE1</td><td>3.92（1.60）</td><td>0.823</td><td rowspan="5">0.926</td><td rowspan="5">0.945</td><td rowspan="5">0.774</td></tr>
<tr><td>TE2</td><td>4.11（1.69）</td><td>0.863</td></tr>
<tr><td>TE3</td><td>3.69（1.62）</td><td>0.930</td></tr>
<tr><td>TE4</td><td>3.84（1.64）</td><td>0.927</td></tr>
<tr><td>TE5</td><td>3.91（1.57）</td><td>0.850</td></tr>
<tr><td rowspan="10">认知目的地形象
（CDI）</td><td>AT1</td><td>3.76（1.38）</td><td>0.643</td><td rowspan="10">0.906</td><td rowspan="10">0.922</td><td rowspan="10">0.544</td></tr>
<tr><td>AT2</td><td>4.92（1.38）</td><td>0.741</td></tr>
<tr><td>AT3</td><td>4.74（1.49）</td><td>0.769</td></tr>
<tr><td>FA1</td><td>4.94（1.24）</td><td>0.684</td></tr>
<tr><td>FA2</td><td>5.05（1.19）</td><td>0.791</td></tr>
<tr><td>FA3</td><td>4.81（1.36）</td><td>0.775</td></tr>
<tr><td>FA4</td><td>4.78（1.30）</td><td>0.794</td></tr>
<tr><td>BA1</td><td>4.58（1.28）</td><td>0.725</td></tr>
<tr><td>BA2</td><td>4.24（1.34）</td><td>0.690</td></tr>
<tr><td>BA3</td><td>5.20（1.41）</td><td>0.747</td></tr>
<tr><td rowspan="6">认知国家形象
（CCI）</td><td>EC1</td><td>5.00（1.37）</td><td>0.849</td><td rowspan="6">0.900</td><td rowspan="6">0.924</td><td rowspan="6">0.669</td></tr>
<tr><td>EC2</td><td>4.62（1.51）</td><td>0.727</td></tr>
<tr><td>EC3</td><td>4.80（1.41）</td><td>0.819</td></tr>
<tr><td>TE1</td><td>4.65（1.42）</td><td>0.773</td></tr>
<tr><td>TE2</td><td>5.06（1.33）</td><td>0.859</td></tr>
<tr><td>TE3</td><td>5.10（1.40）</td><td>0.872</td></tr>
</table>

注：ADI 指 Affective Destination Image（情感目的地形象）；TA 指 Tourist Animosity（游客敌意）；TE 指 Travel and Experience（旅游与体验）；CDI 指 Cognitive Destination Image（认知目的地形象）；CCI 指 Cognitive Country Image（认知国家形象）。

由表5－3可知，各构面的 Cronbach's α 与 *CR* 均大于0.7的限制性水平（Bagozzi，Yi，1988），这表明量表有良好的信度。

2. 效度检验

（1）收敛效度。各构面的 *AVE* 均大于0.5的限制性水平（Bagozzi，Yi，1988），这表明量表有良好的收敛效度（见表5－3）。

（2）区别效度。每个构面的 *AVE* 的平方根值均大于它与其他构面的相关系数（Fornell，Larcker，1981），这表明量表有良好的区别效度（见表5－4）。

表5－4 体验型决策模型的区别效度检验

构 面	认知国家形象	认知目的地形象	情感目的地形象	游客敌意	旅游与体验
认知国家形象	**0.818**				
认知目的地形象	0.647	**0.737**			
情感目的地形象	0.474	0.573	**0.942**		
游客敌意	－0.081	－0.068	－0.130	**0.838**	
旅游与体验	0.042	0.114	0.357	－0.286	**0.880**

注：对角线上的粗体数值为各构面的 *AVE* 的平方根值，其他数值为构面间的相关系数。

3. 数据同源偏差分析

笔者参考黄敏学等（2015）的方法进行同源偏差分析。第一，为了避免由同一位调查对象填写问卷造成的同源偏差问题，笔者在某些构面的测项中设置判别性的反向测项。例如，在测量“经济”的测项中，笔者特意加入一个反向的判别测项“日本经济落后”，通过这些判别性的反向测项来排除那些明显自相矛盾的样本。第二，笔者采用两种方法对数据进行检验。第一种方法是哈曼（Harman）的单因子检验法，即对全部构面的测项进行探索性因子分析。如果未旋转之前的第一个因子方差解释率超过50%，表明同源偏差较大。SPSS 18.0软件分析的结果表明，第一个因子的方差解释率为28.83%，小于50%，说明数据的同源偏差在可接受的范围之内。第二种方法是检验构面之间的相关系数，如果构面之间的相关系数大于0.9，表明同源偏差较大。由表5－4可知，构面间的相关系数最大者为0.647，小于0.9，表明本研究的测量数据是可靠的。由以上可知，本研究的数据同源偏差问题不严重。

4. 多重共线性检验

根据海尔等（Hair et al.，2014）的建议，笔者通过以下两个步骤检验多重共线性。第一步，使用方差膨胀因子（Variance Inflation Factor，VIF）进行多重共线性检验，如果 VIF >5，表明多重共线性问题较严重。数据分析结果显示，构面间的 VIF 最大者为 1.71，表明变量间的多重共线性不严重。第二步，笔者采用 Bootstrapping 抽样 5000 次，发现所有问项的外部权重（Outer Weights）均在 $\alpha=0.05$ 的显著性水平下显著。以上两个步骤表明，变量间的多重共线性不严重，所有问项均保留。

二、内模型

1. 路径系数的显著性检验

根据海尔等（Hair et al.，2014）的建议，笔者采用 Bootstrapping 抽样 5000 次，得到内模型的路径分析与假设检验结果（见表 5-5）。

表 5-5　结构模型路径系数的显著性检验（体验型决策模型，$\alpha=0.05$）

结构模型路径	路径系数	t 值	p 值	检验结果
情感目的地形象→旅游与体验	0.328	4.976	0.000	显著
游客敌意→旅游与体验	-0.245	3.687	0.000	显著
旅游与体验→认知目的地形象	0.108	1.643	0.100	不显著
旅游与体验→认知国家形象	-0.024	0.582	0.560	不显著
认知目的地形象→认知国家形象	0.646	13.129	0.000	显著

注：Bootstrapping 抽样 5000 次，检验类型为双尾检验，显著性水平 $\alpha=0.05$。

由表 5-5 可知，在 $\alpha=0.05$ 的显著性水平下，旅游与体验对认知目的地形象的影响不显著。于是，笔者根据海尔等（Hair et al.，2014）的建议，在 $\alpha=0.1$ 的显著性水平下，采用 Bootstrapping 抽样 5000 次，重新得到路径分析与假设检验结果（见表 5-6）。

表 5-6　结构模型路径系数的显著性检验（体验型决策模型，$\alpha=0.1$）

结构模型路径	路径系数	t 值	p 值	检验结果
情感目的地形象→旅游与体验	0.328	5.074	0.000	显著
游客敌意→旅游与体验	-0.245	3.905	0.000	显著
旅游与体验→认知目的地形象	0.110	1.682	0.093	显著
旅游与体验→认知国家形象	-0.024	0.571	0.568	不显著
认知目的地形象→认知国家形象	0.641	12.287	0.000	显著

注：Bootstrapping 抽样 5000 次，检验类型为双尾检验，显著性水平 $\alpha=0.1$。

此时，情感目的地形象显著地正向影响旅游与体验，假设1得到支持。旅游与体验显著地正向影响认知目的地形象，假设2得到支持。旅游与体验对认知国家形象的影响不显著，假设3没有得到支持。游客敌意显著地负向影响旅游与体验，假设4得到支持。情感目的地形象对旅游与体验的正向影响强于游客敌意的负向影响（路径系数0. 328 > -0. 245），假设5得到支持。认知目的地形象显著地正向影响认知国家形象，假设7得到支持，此时国家品牌发挥汇总效应。

2. 中介效应检验

笔者使用Sobel检验（Sobel，1982）、Aroian检验（Aroian，1947）和Goodman检验（Goodman，1960）进行中介效应检验（见表5－7）。

表5－7　体验型决策模型的中介效应检验

构面关系	衡量构面	路径系数 t 值	Sobel检验的 z 值	Aroian检验的 z 值	Goodman检验的 z 值	中介效应显著性
ADI→TE→CDI	ADI→TE	5. 074	1. 597	1. 569	1. 625	不显著
	TE→CDI	1. 682				
	TE→CCI	0. 571				
TE→CDI→CCI	TE→CDI	1. 682	1. 666*	1. 661*	1. 672*	显著
	CDI→CCI	12. 287				

注：ADI指情感目的地形象；TE指旅游与体验；CDI指认知目的地形象；CCI指认知国家形象。

由表5－7可知，旅游与体验（TE）对情感目的地形象（ADI）与认知目的地形象（CDI）之间关系的中介作用不显著。旅游与体验对认知国家形象的直接影响不显著（见表5－6），只能通过认知目的地形象间接影响认知国家形象（见表5－7），这表明：认知目的地形象对旅游与体验和认知国家形象之间的关系起完全中介作用。

3. 调节效应检验

游客敌意、情感目的地形象和旅游与体验均为反映性测量模型，笔者使用产品指标计算方法检验调节效应（Hair et al.，2014）。根据海尔等（Hair et al.，2014）推荐的方法（以均值为中心产生乘积项），笔者使用SmartPLS v3. 2. 6软件生成以游客敌意为调节变量，以情感目的地形象为自变量，以旅游与体验为因变量的调节效应变量（见图5－2）。

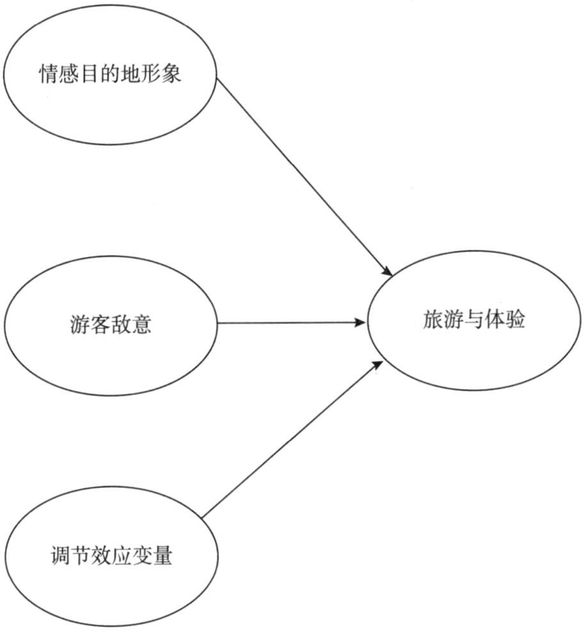

图 5－2　产品指标法调节效应检验

笔者检验以游客敌意、情感目的地形象和调节效应变量为自变量，以出境旅游意向为因变量的影响模型。笔者对此模型进行信度与效度检验，发现效度、收敛效度和区别效度良好。同时，笔者进行数据同源偏差分析与多重共线性检验，发现数据同源偏差问题与变量间的多重共线性均不严重。根据海尔等（Hair et al.，2014）的建议，笔者采用 Bootstrapping 抽样 5000 次，得到路径分析与假设检验结果（见表 5－8）。

表 5－8　体验型决策模型的调节效应检验

结构模型路径	路径系数	t 值	p 值	检验结果
调节效应构面→旅游与体验	－0.045	0.792	0.428	不显著
情感目的地形象→旅游与体验	0.333	5.253	0.000	显著
游客敌意→旅游与体验	－0.222	3.337	0.001	显著

注：Bootstrapping 抽样 5000 次，检验类型为双尾检验，显著性水平 $\alpha=0.05$。

由表 5－8 可知，调节效应不显著，即游客敌意对情感目的地形象与旅游与体验之间关系的负向调节作用不显著，假设 6 未得到支持。

第四节　结论与讨论

一、研究结论

数据分析的结果如表 5 –9 所示：

表 5 –9　数据分析结果汇总（体验型决策模型）

假设	假设内容	假设检验结果
假设 1	情感目的地形象正向影响旅游与体验	支持
假设 2	旅游与体验正向影响认知目的地形象	支持
假设 3	旅游与体验正向影响认知国家形象	不支持
假设 4	游客敌意负向影响旅游与体验	支持
假设 5	情感目的地形象对旅游与体验的影响强于游客敌意	支持
假设 6	游客敌意对情感目的地形象和旅游与体验之间的关系起负向调节作用	不支持
假设 7	认知目的地形象显著地正向影响认知国家形象	支持

二、理论贡献

第一，基于 ABC 态度模型（Solomon，2015），本研究探索了消费者对旅游目的地的情感、行为和认知之间的关系，发现：情感目的地形象先影响游客体验，再进一步影响认知目的地形象。这表明，出境旅游决策对消费者来说是一种体验型决策。消费者决策过程为：情感→行为→认知。本研究结论进一步扩展了 ABC 态度模型在国家形象与目的地形象交叉研究领域的应用。

第二，基于光环 – 汇总效应模型，本研究探索了认知目的地形象与认知国家形象之间的关系，发现：在亲自去某目的地旅游与体验之后，消费者对该目的地变得熟悉，国家品牌开始发挥汇总效应，消费者会将自己对该旅游目的地的认知汇总成对该国的整体认知（认知目的地形象→认知国家形象）——此研究结论证实了更新的光环 – 汇总效应模型，对光环 – 汇总效应模型（Han，1989）进行了很好的补充。

第三，基于理性行为理论，本研究探索了情感目的地形象与游客敌意对旅游与体验的共同影响，并发现两者都是显著的，且情感目的地形象对旅游与体验的正向影响强于游客敌意的负向影响。该研究结论进一步扩展了理性行为理论在国际旅游营销领域的应用，并能为现实中的矛盾现象提供良好的理论解释（大部分中国人对日本怀有敌意，但中国游客赴日旅游却屡创新高）。

第四，让笔者始料未及的是，游客敌意对情感目的地形象和旅游与体验之间关系的负向调节作用不显著。有研究指出：当个体处于高压力状态下，或当正面、负面情感均处于高唤醒水平下，且两者都非常强烈时——正面、负面情感才是反向联系的（Reich，Zautra，2002）。据出境自由行特卖电子商务网站“来来会”与职场社交 APP“脉脉”联合发布的《职场年轻人出境旅游方式调查报告》，68% 的职场年轻人首选旅游作为减轻压力的方式。可见，出境旅游决策并非一种给消费者带来巨大压力的消费决策。此外，据美国福克斯新闻网 2016 年 9 月报道，中日近期未发生重大冲突，两国关系有望回到正常发展轨道。可见，现阶段中国消费者对日本的敌意未被完全唤醒，也并非特别强烈。以上原因可能导致游客敌意与情感目的地形象对旅游与体验的交互效应不显著。

三、管理决策启示

第一，情感目的地形象对旅游与体验的正向影响强于游客敌意的负向影响。旅游管理部门应向游客传播愉快、兴奋和放松等情感，营造非同凡响的情感旅游氛围，引发游客强烈的情感共鸣，从而建立与游客的情感联结（d’Hauteserre，2015）。有非同寻常、新奇和难忘体验的游客会在博客、微信和旅游论坛等社交媒体上主动传播其对该目的地的正面情感，从而感染与吸引新游客，唤起老游客的美好回忆并提高其重游意向（Bosangit et al.，2015）。

第二，旅游与体验通过认知目的地形象间接影响认知国家形象。国家主席习近平指出，一些人对中国有偏见，主要是源于陌生、隔阂和不了解。如何让国际消费者更好地了解中国？让他们来中国旅游是一种非常好的方式（妥艳媜，2015）。中共“十八大”提出“美丽中国”战略规划，政府、旅游管理部门和旅行社可通过以下方式改善中国的旅游目的地形象，以吸引国际游客来华旅游：加大吸引物（历史遗址、自然风光和特色美食等）的宣传力度；大力改善服务设施（娱乐、购物、住宿和餐饮设施等）；降低外国游客入境旅游的阻碍（放宽签证、增加航线、加强游客人身安全保障和提高环境卫生水平等)。根据本研究的结论，国际消费者来华旅游并亲身体验到中国的美好之后，国家品牌开始发挥汇总效应，他们对中国的经济、政治、历史/文化和技术等方面的认知也会随之增加与改善，这有利于塑造与提升中国繁荣发展、民主进步、文明开放、和平和谐的国家形象，有利于打造“中国”这个强势的国家品牌。

第三，游客敌意负向影响出境旅游意向。基于此，政府、旅游管理部门和旅行社可采取以下对策来降低外国游客敌意的负面影响：①政府、旅游局和旅行社在向外国游客进行营销传播时，可通过理性、国际性和个人主义诉求，避免感性、民族性和集体主义诉求的传播策略，以强化本国旅游目的地形象与国家形象的正面影响，并削弱外国游客敌意的负面影响（彭璐珞，2012）；②在双边关系的低谷期，本国政府与旅游局可通过扩大免税品范围、放宽签证、放宽来访游客长期滞留等政策来刺激外国游客来访旅游；③针对部分游客在进行出境旅游决策时属于价格敏感型，旅游管理部门与旅行社可在双边冲突高峰期制定低价策略，以吸引更多价格敏感型的外国消费者，从而尽可能降低外国游客的敌意对其旅游消费的负面影响（郭功星，等，2016）。

第六章　结　　论

第一节　本书的理论贡献

一、扩展了 ABC 态度模型与态度理论在国家品牌研究领域的应用

本书第三章发现，当进行高介入产品购买决策（如购买汽车、手机和电脑等）时，消费者对国家品牌的认知、情感和行为意向之间的关系为："认知（认知品类形象、'Made in'形象）→情感（情感品类形象）→行为意向（购买意向）。"

本书第四章发现，当进行有限型产品购买决策（如购买运动鞋、服饰和箱包等）时，消费者对国家品牌的认知、情感和行为之间的关系为："认知（认知品类形象）→行为（购买与体验）→情感（情感品类形象）。"

本书第五章发现，当进行体验型购买决策（如出境旅游）时，消费者对国家品牌的认知、情感和行为之间的关系为："情感（情感目的地形象）→行为（旅游与体验）→认知（认知目的地形象）。"

首先，现有研究仅区分了国家形象的认知与情感方面，而没有区分品类形象的认知与情感方面。本书结合国家品牌的三个层面（国家形象、"Made in"形象和品类形象）与两个方面（认知与情感），更全面地探索了国家品牌效应，进一步丰富了国家品牌理论。

其次，当进行某些低介入产品购买决策（如购买牙膏、香皂和洗衣粉等）时，消费者可能是不假思索的，不一定存在"认知→行为→情感"的决策过程。本书将低介入决策调整为"有限型决策"，以购买运动鞋为例，

验证了“认知→行为→情感”的影响路径，推进了 ABC 态度模型在国家品牌研究领域的应用。

最后，很少有研究探索消费者的实际行为对其认知性或情感性态度的影响。本书第四章探索了行为（购买与体验）对情感性态度的影响，第五章探索了行为（旅游与体验）对认知性态度的影响。这些研究进一步丰富了态度理论。

二、扩展了光环－汇总效应模型在国家品牌研究领域的应用

本书第三章发现，当消费者进行高介入产品购买决策时，国家品牌发挥汇总效应，即国家品牌的三个层面之间的关系为：“认知品类形象→‘Made in’形象→认知国家形象。”

本书第四章发现，当消费者进行有限型产品购买决策时，国家品牌发挥光环效应，即国家品牌的三个层面之间的关系为：“认知国家形象→‘Made in’形象→认知品类形象。”

本书第五章发现，当消费者进行出境旅游这种体验型购买决策时，在旅游与体验行为发生之后，国家品牌发挥汇总效应，即“认知目的地形象→认知国家形象。”

光环－汇总效应模型仅考虑了“Made in”形象与品类形象，但没有考虑国家形象。本书提出更新的光环－汇总效应模型（同时考虑品类形象、“Made in”形象和国家形象），更全面地分析了在不同的购买决策类型下，国家品牌不同层面之间的关系，进一步扩展了光环－汇总效应模型在国家品牌研究领域的应用。

三、扩展了理性行为理论在国家品牌研究领域的应用

本书发现，无论是进行高介入产品购买决策、有限型产品购买决策，还是进行体验型购买决策，消费者态度（认知性或情感性态度）和主观规范（消费者敌意）均共同影响消费者的行为意向/行为，且消费者态度对行为意向/行为的影响强于主观规范。

理性行为理论仅探讨了在高介入产品购买决策类型中，消费者情感性态度与主观规范对行为意向的共同影响。本书更全面地考虑了三种决策类型，进一步扩展了理性行为理论在国家品牌研究领域的应用。

第二节 本书的管理决策启示

一、对汽车、手机和计算机等行业的企业的启示

根据第三章的研究结论，本书建议如下。

第一，汽车、手机和计算机等行业的中国企业应积极“走出去”。在国际市场进行营销时，不仅应大力宣传产品本身的优势，还应联合产业集群与政府，共同宣传“中国制造”近年来取得的飞速进步。

第二，中国品牌应积极从传播与互动两个角度建立、培养和维护与国际消费者之间的情感。

第三，生产汽车、消费电子和家电等产品的企业，在敌意国进行营销传播时，应突出相关产品与本国制造的独一无二的优势；同时，激发敌意国消费者的理性认知，以强化本国国家品牌的正面影响，并削弱消费者敌意的负面影响。

二、对鞋靴、服饰和箱包等行业的企业的启示

根据第四章的研究结论，本书建议如下。

第一，鞋靴、服饰和箱包等行业的中国企业应积极“走出去”。在国际市场上进行营销时，不仅应突出产品本身的特色与优势，还应该与相关的行业协会精诚合作，共同提升中国品牌在国际上的美誉度。

第二，生产鞋靴、服饰和箱包等产品的企业，在向敌意国的消费者进行营销传播时，应突出宣传产品本身的优势；激发消费者的理性认知；使用区域品牌营销战略，淡化来源国形象，以避免消费者敌意引发的“城门失火，殃及池鱼”现象。

第三，运动鞋品牌在敌意国进行营销时，应该积极举办各类线上与线下的试穿体验活动，让消费者在充分体验之后，认识到本国品牌独一无二的优势。

三、对政府、旅游管理部门和旅行社的启示

根据第五章的研究结论，本书建议如下。

第一，旅游管理部门应该努力建立与游客的情感联结。

第二，中国政府、旅游管理部门和旅行社可以从吸引物、服务设施、旅游障碍等方面提高中国的旅游目的地形象，吸引国际游客来中国旅游，增进他们对中国的了解，进一步改善中国的国家形象。

第三，在双边关系的低谷期，政府与旅游局可通过放宽签证、增加航线、加强游客人身安全保障和提高环境卫生水平等政策来刺激外国游客来访旅游；同时，旅游管理部门与旅行社可在双边冲突高峰期制定低价策略，以吸引对价格十分敏感的外国消费者。

更详细的管理决策启示见第三章至第五章的“结论与讨论”部分。

第三节 本书的研究局限性与未来研究展望

第一，基于消费者视角，本书主要探索了国家品牌对消费者产品购买决策与出境旅游决策的影响。未来的研究可进一步探索国家品牌对招商引资、吸引人才、留学生和移民等的影响。

第二，由于目前中日关系处于相对缓和期，中国消费者对日本的敌意未达极端。本研究采取问卷调查法收集数据，未来的研究可以使用实验设计法，探索中国消费者对日本的正面、负面情感同时达到高峰时，两者对消费者决策的交互效应。

第三，本书仅探索了消费者的负面情感（消费者敌意）对行为意向/行为的负向影响。有研究指出，消费者对特定国家的正面情感（消费者善意）对消费者行为意向/行为起正向影响。当消费者处于“爱恨交织”的矛盾状态时，他们如何决策？该问题值得未来的研究进一步探索。

参考文献

[1] ADAMS D, KEMPSON G E, SWANSON S A. Consumer animosity: a literature review and a reconsideration of its measurement [J]. International Marketing Review, 2007, 24 (1): 87-119.

[2] AGAPITO D, VALLE P O D, MENDES J D C. The cognitive - affective - conative model of destination image: a confirmatory analysis [J]. Journal of Travel & Tourism Marketing, 2013, 30 (5): 471-481.

[3] AHMED Z U, JOHNSON J P, XIA Y, et al. Does country of origin matter for low - involvement products? [J]. International Marketing Review, 2004, 21 (1): 102-120.

[4] ANDÉHN M, NORDIN F, NILSSON M E. Facets of country image and brand equity: revisiting the role of product categories in country - of - origin effect research [J]. Journal of Consumer Behaviour, 2015, 45 (2): 315-324.

[5] ÁNGEL H - C, GUTIÉRREZ H S M, GARCIA - SALMONES M D M. Influence of country image on country brand equity: application to higher education services [J]. International Marketing Review, 2016, 33 (5): 691-714.

[6] AROIAN L A. The probability function of the product of two normally distributed variables [J]. The Annals of Mathematical Statistics, 1947, 18 (2): 265-271.

[7] ASSERAF Y, SHOHAM A. Destination branding: the role of consumer affinity [J]. Journal of Destination Marketing & Management, 2016.

[8] BAGOZZI R P, YI Y. On the evaluation of structural equation models [J]. Journal of the Academy of Marketing Science, 1988, 16 (1): 74-94.

[9] BEERLI A, MARTAÍN J D. Factors influencing destination image [J]. Annals of Tourism Research, 2004, 31 (3): 657-681.

[10] BILKEY W J, NES E. Country - of - origin effects on product evaluations [J]. Journal of

International Business Studies, 1982, 13 (1): 89 - 100.

[11] BOSANGIT C, HIBBERT S, MCCABE S. If I was going to die I should at least be having fun: travel blogs, meaning and tourist experience [J]. Annals of Tourism Research, 2015 (55): 1 - 4.

[12] BRIJS K, BLOEMER J, KASPER H. Country - image discourse model: unraveling meaning, structure, and function of country images [J]. Journal of Business Research, 2011, 64 (12): 1259 - 1269.

[13] CHEN C Y, MATHUR P, MAHESWARAN D. The effects of country - related affect on product evaluations [J]. Journal of Consumer Research, 2014, 41 (4): 1033 - 1046.

[14] CHEW E Y T, JAHARI S A. Destination image as a mediator between perceived risks and revisit intention: a case of post - disaster Japan [J]. Tourism Management, 2014, 40 (2): 382 - 393.

[15] CHI G Q, QU H. Examining the structural relationships of destination image, tourist satisfaction and destination loyalty: an integrated approach [J]. Tourism Management, 2008, 29 (4): 624 - 636.

[16] CHI T, WU B, MORRISON A M, et al. Travel blogs on China as a destination image formation agent: a qualitative analysis using leximancer [J]. Tourism Management, 2015 (46): 347 - 358.

[17] CIRAVEGNA L, LOPEZ L, KUNDU S. Country of origin and network effects on internationalization: a comparative study of SMEs from an emerging and developed economy [J]. Journal of Business Research, 2014, 67 (5): 916 - 923.

[18] COSTA C, CARNEIRO J, GOLDSZMID R. A contingent approach to country - of - origin effects on foreign products evaluation: interaction of facets of country image with product classes [J]. International Business Review, 2016, 25 (5): 1066 - 1075.

[19] D'HAUTESERRE A M. Affect theory and the attractivity of destinations [J]. Annals of Tourism Research, 2015 (55): 77 - 89.

[20] DURAND A, TURKINA E, ROBSON M J. Psychic distance and country image in exporter - importer relationships [J]. Journal of International Marketing, 2016 (24): 31 - 57.

[21] ELLIOT S, PAPADOPOULOS N, KIM S S. An integrative model of place image: exploring relationships between destination, product, and country image [J]. Journal of Travel Research, 2011, 50 (5): 520 - 534.

[22] FETSCHERIN M. The determinants and measurement of a country brand: the country brand

strength index [J]. International Marketing Review, 2010, 27 (4): 466 - 479.

[23] FISHBEIN M, AJZEN I. Belief, attitude, intention and behavior: an introduction to theory and research [M]. Boston: Addison - Wesley, 1975.

[24] FONG C M, LEE C L, DU Y. Consumer animosity, country of origin, and foreign entry - mode choice: a cross - country investigation [J]. Journal of International Marketing, 2014, 22 (1): 62 - 76.

[25] FORNELL C, LARCKER D F. Evaluating structural equation models with unobservable variables and measurement error [J]. Journal of Marketing Research, 1981, 18 (1): 39 - 50.

[26] FUTUREBRAND. Country brand index 2014—2015 [R]. London: FutureBrand, 2014.

[27] FUTUREBRAND. Made in: the value of country of origin for future brand [R]. London: FutureBrand, 2014.

[28] GALLARZA M G, SAURA I G, GARCÍA H C. Destination image: towards a conceptual framework [J]. Annals of Tourism Research, 2002, 29 (1): 56 - 78.

[29] GOODMAN L A. On the exact variance of products [J]. Journal of the American Statistical Association, 1960, 55 (292): 708 - 713.

[30] GRANZIN K L, OLSEN J E. Americans' choice of domestic over foreign products : a matter of helping behavior? [J]. Journal of Business Research, 1998, 43 (1): 39 - 54.

[31] GUO XIAO - LING. Living in a global world: influence of consumer global orientation on attitudes toward global brands from developed versus emerging countries [J]. Journal of International Marketing, 2013, 21 (1): 1 - 22.

[32] HAIR Jr J F, HULT G T M, RINGLE C, et al. A primer on partial least squares structural equation modeling (PLS - SEM) [M]. Los Angeles: Sage Publications, 2014.

[33] HALKIAS G, DAVVETAS V, DIAMANTOPOULOS A. The interplay between country stereotypes and perceived brand globalness/localness as drivers of brand preference [J]. Journal of Business Research, 2016, 69 (9): 3621 - 3628.

[34] HAMZAOUI - ESSOUSSI L, MERUMKA D, BARTIKOWKI B. Brand origin and country of manufacture influences on brand equity and the moderating role of brand typicality [J]. Journal of Business Research, 2011, 64 (9): 973 - 978.

[35] HAN C M, TERPATRA V. Country - of - origin effects for uni - national and bi - national products [J]. Journal of International Business Studies, 1988, 19 (2): 235 - 255.

[36] HAN C M. Countryimage: halo or summary construct? [J]. Journal of Marketing Research, 1989, 26 (2): 222 - 229.

[37] HAN C M. Testing the role of country image in consumer choice behaviour [J]. European Journal of Marketing, 1990, 24 (6): 24 –40.

[38] HARMELING C M, MAGNUSSON P, SINGH N. Beyond anger: a deeper look at consumer animosity [J]. Journal of International Business Studies, 2015, 46 (6): 676 –693.

[39] HOSANY S, EKINCI Y, UYSAL M. Destination image and destination personality: an application of branding theories to tourism places [J]. Journal of Business Research, 2006, 59 (5): 638 –642.

[40] HOYERW, MACLNNIS D. Consumer behavior (3E) [M]. Boston: Cengage Learning, 2010.

[41] HSIEH M – H, PAN S – L, SETIONO R. Product – , corporate – , and country – image dimensions and purchase behavior: a multicountry analysis [J]. Journal of the Academy of Marketing Science, 2004, 32 (3): 251 –270.

[42] HULLAND J. Use of partial least squares (PLS) in strategic management research: a review of four recent studies [J]. Strategic Management Journal, 1999, 20 (2): 195 –204.

[43] JILL GABRIELLE KLEIN, RICHARD ETTENSOE. Consumer animosity and consumer ethnocentrism [J]. Journal of International Consumer Marketing, 1999, 11 (4): 5 –24.

[44] JOSEPH U A. 德国制造：国家品牌战略启示录 [M]. 赛迪研究院专家组，译. 北京：中国人民大学出版社，2016.

[45] JUN J W, CHOI C W. Effects of country of origin and country brand attitude on nonprescription drugs [J]. Journal of Targeting Measurement & Analysis for Marketing, 2007, 15 (4): 234 –243.

[46] KAEENI A A, HEIDARZADEH K. Exploring the moderating effect of consumer animosity and ethnocentrism on process of accepting foreign products among islamic countries [J]. International Journal of Research in Social Sciences, 2014, 3 (5): 112 –131.

[47] KLEIN J G. Us versus them, or us versus everyone? delineating consumer aversion to foreign goods [J]. Journal of International Business Studies, 2002, 33 (2): 345 –363.

[48] KLEIN J G, ETTENSON R, MORRIS M D. The animosity model of foreign product purchase: an empirical test in the People's Republic of China [J]. Journal of Marketing, 1998, 62 (1): 89 –100.

[49] KOSCHATE – FISCHER N, DIAMANTOPOULOS A, OLDENKOTTE K. Are consumers really willing to pay more for a favorable country image? a study of country – of – origin effects on willingness to pay [J]. Journal of International Marketing, 2012, 20 (1): 19 –41.

[50] KOTLER P, GERTNER D. Country as brand, product and beyond: a place marketing and

brand management perspective [J]. Brand Management, 2002, 9 (4-5): 249-261.

[51] KOTLER P, HAIDER D H, REIN I. Marketing places: attracting investment [M] //Industry, and Tourism to Cities, States, and Nations. New York: The Free Press, 1993.

[52] LAROCHE M, PAPADOPOULOS N, HESLOP L A, et al. The influence of country image structure on consumer evaluations of foreign products [J]. International Marketing Review, 2005, 22 (1): 96-115.

[53] LEE R, LOCKSHIN L, GREENACRE L. A memory-theory perspective of country-image formation [J]. Journal of International Marketing, 2016 (24): 62-79.

[54] LEE R, MAZODIER M. The roles of consumer ethnocentrism, animosity, and cosmopolitanism in sponsorship effects [J]. European Journal of Marketing, 2015, 49 (5/6): 919-942.

[55] LI D J, WANG C L, JIANG Y, et al. The asymmetric influence of cognitive and affective country image on rational and experiential purchases [J]. European Journal of Marketing, 2014, 48 (11/12): 2153-2175.

[56] LIN C H, MORAIS D B, KERSTETTER D L, et al. Examining the role of cognitive and affective image in predicting choice across natural, developed, and theme-park destinations [J]. Journal of Travel Research, 2007, 46 (4): 183-194.

[57] LONELY PLANET. Lonely planet's best in travel 2016 [M]. Tennessee: Lonely Planet, 2015.

[58] MARTÍN H S, BOSQUE I R D. Exploring the cognitive-affective nature of destination image and the role of psychological factors in its formation [J]. Tourism Management, 2008, 29 (2): 263-277.

[59] MARTIN IM, EROGLU S. Measuring a multi-dimensional construct: country image [J]. Journal of Business Research, 1993, 28 (3): 191-210.

[60] MYERES D. Social psychology (11E) [M]. New York: McGraw-Hill Education, 2012.

[61] NAGASHIMA A. A comparative "made in" product image survey among Japanese businessmen [J]. Journal of Marketing, 1977, 41 (3): 95-100.

[62] NAGASHIMA A. A comparison of Japanese and U. S. attitudes toward foreign products [J]. Journal of Marketing, 1970, 34 (1): 68-74.

[63] NARAYANA C L. Aggregate images of American and Japanese products: implications on international marketing [J]. Columbia Journal of World Business, 1981, 16 (2): 31-35.

[64] NES E B, YELKUR R, SILKOSET R. Consumer affinity for foreign countries: construct de-

velopment, buying behavior consequences and animosity contrasts [J]. International Business Review, 2014, 23 (4): 774 - 784.

[65] NEWMAN G E, DHAR R. Authenticity is contagious: brand essence and the original source of production [J]. Journal of Marketing Research, 2014, 51 (3): 371 - 386.

[66] NISCO A D, MAINOLFI G, MARINO V, et al. Effect of economic animosity on consumer ethnocentrism and product - country images: a binational study on the perception of Germany during the Euro crisis [J]. European Management Journal, 2015, 34 (1): 59 - 68.

[67] OBERECKER E M, DIAMANTOPOULOS A. Consumers' emotional bonds with foreign countries: does consumer affinity affect behavioral intentions? [J]. Journal of International Marketing, 2011, 19 (2): 45 - 72.

[68] OBERECKER E M, RIEFLER P, DIAMANTOPOULOS A. The consumer affinity construct: conceptualization, qualitative investigation, and research agenda [J]. Journal of International Marketing, 2013, 16 (3): 23 - 56.

[69] PAPPU R, QUESTER P G, COOKSEY R W. Country image and consumer - based brand equity: relationships and implications for international marketing [J]. Journal of International Business Studies, 2007, 38 (5): 726 - 745.

[70] PARAMESWARAN R, PISHARODI R M. Facets of country of origin image: an empirical assessment [J]. Journal of Advertising, 1994, 23 (1): 43 - 56.

[71] PETERSON R A, JOLIBERT A J P. A meta - analysis of country - of - origin effects [J]. Journal of International Business Studies, 1995, 26 (4): 883 - 900.

[72] QU H, KIM L H, IM H H. A model of destination branding: integrating the concepts of the branding and destination image [J]. Tourism Management, 2011, 32 (3): 465 - 476.

[73] REICH J W, ZAUTRA A J. Arousal and the relationship between positive and negative affect: an analysis of the data of ito, cacioppo, and lang (1998) [J]. Motivation and Emotion, 2002, 26 (3): 209 - 222.

[74] RIEFLER P, DIAMANTOPOULOS A. Consumer animosity: a literature review and a reconsideration of its measurement [J]. International Marketing Review, 2007, 24 (1): 87 - 119.

[75] ROTH K P Z. Home country image, country brand equity and consumers' product preferences: an empirical study [J]. Management International Review, 2008, 48 (5): 577 - 602.

[76] ROTH K P, DIAMANTOPOULOS A. Advancing the country image construct [J]. Journal of Business Research, 2009, 62 (7): 726 - 740.

[77] ROTH M S, ROMEO J B. Matching product category and country image perceptions: a

framework for managing country - of - origin effects [J]. Journal of International Business Studies, 1992, 23 (3): 477 - 497.

[78] SAMIEE S. Advancing the country image construct — a commentary essay [J]. Journal of Business Research, 2009, 62 (7): 726 - 740.

[79] SCHOOLER R D. Product bias in the central American common market [J]. Journal of Marketing Research, 1965, 8 (2): 394 - 397.

[80] SHARMA P. Consumer ethnocentrism: reconceptualization and cross - cultural validation [J]. Journal of International Business Studies, 2015, 46 (3): 381 - 389.

[81] SOBEL M E. Asymptotic confidence intervals for indirect effects in structural equation models [J]. Sociological Methodology, 1982 (13): 290 - 312.

[82] SOLOMON M R. Consumer behavior: buying, having, and being (11E) [M]. New Jersey: Pearson Education, 2015.

[83] SUN M H, RYAN C, PAN S. Using chinese travel blogs to examine perceived destination image: the case of New Zealand [J]. Journal of Travel Research, 2015, 54 (4): 192 - 205.

[84] VERLEGH P W J, STEENKAMP J B E M. A review and meta - analysis of country - of - origin research [J]. Journal of Economic Psychology, 1999, 20 (5): 521 - 546.

[85] WANG C L, LI D J, BAMES B R, et al. Country image, product image and consumer purchase intention: evidence from an emerging economy [J]. International Business Review, 2012, 21 (6): 1041 - 1051.

[86] WANG T, ZHOU L, MOU Y, et al. Study of country - of - origin image from legitimacy theory perspective: evidence from the USA and India [J]. Industrial Marketing Management, 2014, 43 (5): 769 - 776.

[87] WATSON D, CLARK L A, TELLEGEN A. Development and validation of brief measures of positive and negative affect: the PANAS scales [J]. Journal of Personality & Social Psychology, 1988, 54 (6): 1063 - 1070.

[88] WESTBROOK R A. Intrapersonal affective influences on consumer satisfaction with products [J]. Journal of Consumer Research, 1980, 7 (1): 49 - 54.

[89] WHANG H, YONG S, KO E. Pop culture, destination images, and visit intentions: theory and research on travel motivations of Chinese and Russian tourists [J]. Journal of Business Research, 2016, 69 (2): 631 - 641.

[90] WHARTON P W, LAU L. Interactions between positive and negative affect in consumer behavior: how consumers respond to mixed emotional experiences [J]. Advances in Consumer

Research, 2001 (28): 387.

[91] ZEUGNER - ROTH K P, ŽBKAR V, MARTIN D, et al. Bridging the gap between country and destination image: assessing common facets and their predictive validity [J]. Journal of Business Research, 2015, 68 (9): 1844 - 1853.

[92] ZHANG H M, FU X X, CAI L A, et al. Destination image and tourist loyalty: a meta - analysis [J]. Tourism Management, 2014, 40 (1): 213 - 223.

[93] ZHANG J, WU B, MORRISON A M, et al. How country image affects tourists destination evaluations: a moderated mediation approach [J]. Journal of Hospitality & Tourism Research, 2016 (3): 1 - 27.

[94] 岑成德，钟煜维. 消费情感对感知风险和行为意向的影响 [J]. 上海管理科学, 2011, 33 (2): 44 - 50.

[95] 陈晓萍，徐淑英，樊景立. 组织与管理研究的实证方法：第二版 [M]. 北京：北京大学出版社, 2012.

[96] 陈增祥，何云，刘博群. 怀旧弱化中国消费者对外国品牌的评价：物质主义的中介作用 [J]. 营销科学学报, 2014, 10 (3): 113 - 127.

[97] 戴维·迈尔斯. 社会心理学 [M]. 11 版. 侯玉波，乐国安，张智勇，等，译. 北京：人民邮电出版社, 2014.

[98] 范庆基. 中国国家形象，企业形象与品牌形象的影响关系——基于韩国消费者评价视角 [J]. 营销科学学报, 2011, 7 (1): 99 - 114.

[99] 符国群，苏子逸. 中国消费者评价进口产品的影响因素研究 [J]. 管理学报, 2014, 11 (4): 585 - 590.

[100] 郭功星，周星，涂红伟，等. 消费者敌意研究脉络梳理及未来展望 [J]. 外国经济与管理, 2014, 36 (6): 51 - 59.

[101] 郭功星，周星，涂红伟. 消费者敌意、自我效能与旅游意愿——基于对青少年出境旅游市场的实证研究 [J]. 旅游学刊, 2016, 31 (2): 44 - 52.

[102] 郭功星，周星. 消费者善意研究综述及展望 [J]. 外国经济与管理, 2016, 38 (1): 76 - 86.

[103] 郭晓凌，王永贵. 消费者的全球消费导向与全球品牌态度——主效应、调节效应及中美差异 [J]. 南开管理评论, 2013, 16 (6): 4 - 18.

[104] 郭英之，陈芸，黄剑锋，等. 基于多维交互决策树模型的赴日旅游意愿研究 [J]. 旅游学刊, 2015, 30 (1): 42 - 53.

[105] 何佳讯. 全球品牌化研究回顾：构念，脉络与进展 [J]. 营销科学学报, 2013, 9

(4): 1-19.

[106] 黄敏学, 廖俊云, 周南. 社区体验能提升消费者的品牌忠诚吗——不同体验成分的作用与影响机制研究 [J]. 南开管理评论, 2015, 18 (3): 151-160.

[107] 江红艳, 王海忠, 陈增祥. 心理加工模式对品牌原产国刻板印象逆转的影响——如何看待新兴国家的“新线索”[J]. 中山大学学报: 社会科学版, 2013, 53 (4): 189-200.

[108] 江红艳, 王海忠, 钟科. 品牌丑闻对国家形象的溢出效应: 原产国刻板印象内容的调节作用 [J]. 商业经济与管理, 2014, 1 (6): 55-64.

[109] 江红艳, 王海忠. 原产国刻板印象逆转研究前沿探析 [J]. 外国经济与管理, 2011, 33 (7): 34-40.

[110] 江亮. 国内、外体育用品品牌广告设计能力及其市场效应的比较研究 [J]. 中国体育科技, 2016, 52 (2): 37-43.

[111] 李东进, 安钟石, 周荣海, 吴波. 基于 Fishbein 合理行为模型的国家形象对中国消费者购买意向影响研究——以美、德、日、韩四国国家形象为例 [J]. 南开管理评论, 2008, 11 (5): 40-49.

[112] 李东进, 周荣海, 安钟石. 原产国和消费者民族中心主义对组织购买者产品评价的影响 [J]. 中大管理研究, 2007 (3): 1-22.

[113] 李静, PEARCEPL, 吴必虎, 等. 雾霾对来京旅游者风险感知及旅游体验的影响——基于结构方程模型的中外旅游者对比研究 [J]. 旅游学刊, 2015, 30 (10): 48-59.

[114] 刘瑞旗, 李平. 国家品牌战略问题研究 [M]. 北京: 经济管理出版社, 2012.

[115] 刘亚. 神经质与生活满意度的关系: 情绪和自尊的链式中介作用 [J]. 心理科学, 2012, 35 (5): 1254-1260.

[116] 吕臣, 林汉川, 赵敏. 西方学术界对产品海外形象的研究新进展 [J]. 上海经济研究, 2016 (2): 119-128.

[117] 潘澜, 林璧属, 王昆欣. 探索旅游体验记忆的影响因素——中国旅游情景下的研究 [J]. 旅游学刊, 2016, 31 (1): 49-56.

[118] 潘煜, 朱凌, 刘丹. 低介入度产品迷惑式品牌名称的原产地认知研究——以瓶装水、洗发水、服装为例 [J]. 管理学报, 2012, 9 (1): 97-107.

[119] 彭静, 卢长宝. 限量促销决策的情感机制——预期和预支情绪的视角 [J]. 重庆工商大学学报: 社会科学版, 2015, 32 (3): 42-49.

[120] 彭璐珞. 日本品牌在华广告如何化解敌意和提升好感 [J]. 商业研究, 2012 (10): 161-168.

[121] 秦辉, 邱宏亮, 吴礼助. 运动鞋品牌形象对感知-满意-忠诚关系的影响研究 [J].

管理评论, 2011, 23 (8): 93 - 102.

[122] 沈璐, 庄贵军, 郭茹. 复杂型购买行为模式下的在线购买意愿: 以网购汽车为例的网络论坛扎根研究 [J]. 管理评论, 2015, 27 (9): 221 - 230.

[123] 沈鹏熠. 旅游目的地品牌资产的结构及其形成机理——基于目的地形象视角的实证研究 [J]. 经济经纬, 2014, 31 (1): 112 - 117.

[124] 盛亚军, 包薇, 孙丽辉. 国外原产国效应理论研究的新进展 [J]. 当代经济研究, 2014 (6): 85 - 91.

[125] 舒咏平, 沈正赋. 论国家品牌传播——信息社会语境下价值导向的国家传播 [J]. 学术界, 2016 (9): 76 - 86.

[126] 宋慧林, 吕兴洋, 蒋依依. 人口特征对居民出境旅游目的地选择的影响——一个基于 TPB 模型的实证分析 [J]. 旅游学刊, 2016, 31 (2): 33 - 43.

[127] 孙国辉, 韩慧林. 公司品牌形象和国家品牌形象对购买意向的影响——基于中国跨国公司的实证分析 [J]. 经济管理, 2015 (4).

[128] 孙国辉, 杨一翁. 感知质量与原产国对消费者评价的影响 [J]. 商业研究, 2012 (8): 8 - 15.

[129] 孙丽辉, 郑瑜. 西方原产国效应理论研究回顾及其评价 [J]. 财贸经济, 2009 (5): 79 - 84.

[130] 唐一帆, 胡晓鹏. 企业品牌与国家品牌的关联机理与价值互动——基于品牌等式的逻辑解构 [J]. 南京社会科学, 2015 (11): 32 - 39.

[131] 妥艳媜. 旅游者幸福感为什么重要 [J]. 旅游学刊, 2015, 30 (11): 16 - 18.

[132] 王海忠, 陈增祥. 零售店选择的民族中心主义行为及其营销战略意义 [J]. 商业经济与管理, 2007, 194 (12): 21 - 25.

[133] 王海忠, 王晶雪, 何云. 品牌名、原产国、价格对感知质量与购买意向的暗示作用 [J]. 南开管理评论, 2007, 10 (6): 19 - 25.

[134] 王海忠, 杨光玉, 江红艳, 黄磊. 跨国品牌联盟中国家典型性对原产国效应的稀释作用 [J]. 营销科学学报, 2013, 9 (1): 18 - 31.

[135] 王海忠, 于春玲, 赵平. 消费者民族中心主义的两面性及其市场战略意义 [J]. 管理世界, 2005 (2): 96 - 107.

[136] 王海忠, 赵平. 基于消费者民族中心主义倾向的市场细分研究 [J]. 管理世界, 2004 (5): 88 - 96.

[137] 王海忠. 消费者民族中心主义的中国本土化研究 [J]. 南开管理评论, 2003, 6 (4): 31 - 36.

[138] 王海忠. 中国消费者世代及其民族中心主义轮廓研究［J］. 管理科学学报, 2005, 8 (6): 88-96.

[139] 王珏, 李蔚. 情境性消费者敌意对消费者购买意愿的影响——心理情感的中介作用［J］. 经济经纬, 2016 (2): 96-101.

[140] 王鹏, 庄贵军, 周英超. 爱国主义和民族主义对中国消费者国货意识影响的研究［J］. 管理学报, 2012, 9 (4): 548-554.

[141] 王霞, 邹德强, 赵平. 广告诉求与品牌个性感知差异对消费者购买意愿的影响研究［J］. 管理学报, 2012, 9 (4): 555-561.

[142] 王颖, 李英. 基于感知风险和涉入程度的消费者新能源汽车购买意愿实证研究［J］. 数理统计与管理, 2013, 32 (5): 863-872.

[143] 王长征, 寿志钢. 西方品牌形象及其管理理论研究综述［J］. 外国经济与管理, 2007, 29 (12): 15-22.

[144] 温忠麟, 刘红云, 侯杰泰. 调节效应和中介效应分析［M］. 北京: 教育科学出版社, 2012.

[145] 徐彪, 张骁, 张珣. 品牌来源国对顾客忠诚和感知质量的影响机制［J］. 管理学报, 2012, 9 (8): 1183-1189.

[146] 杨晨, 王海忠, 王静一. 树木还是森林——消费者思维模式对新兴国家负面原产国效应的影响机制研究［J］. 南开管理评论, 2016, 19 (2): 157-169.

[147] 杨晓燕. 国家品牌效应: 欧盟品牌全球营销的利器［J］. 国际经贸探索, 2007, 23 (7): 76-79.

[148] 杨一翁, 孙国辉, 纪雪洪. 消费者视角下的综合品牌效应研究——基于汽车品牌的数据［J］. 中央财经大学学报, 2015 (11): 105-112.

[149] 杨一翁, 孙国辉, 张欣瑞. 国家品牌效应及其调节变量研究［J］. 企业经济, 2016 (3): 11-16.

[150] 杨一翁, 孙国辉. 国家、公司和产品品牌形象对消费者态度与购买倾向的作用机制——基于运动品牌的数据［J］. 经济管理, 2013, 35 (1): 99-109.

[151] 姚杰, 魏巍, 王强. 高介入度市场品牌资产构成要素对顾客重购意愿的影响研究［J］. 南京师范大学学报: 社会科学版, 2008 (6): 53-57.

[153] 夷萍, 张子陶, 林骏达. 中国制造: 向价值导向型创新转型［J］. 商学院, 2015 (1): 68-70.

[153] 于鹏, 张宏梅. 韩国国家形象感知与旅游意向研究——以中国潜在旅游者为例［J］. 旅游学刊, 2016 (12).

[154] 袁登华, 王琦, 朱丽叶. 品牌推崇研究述评 [J]. 外国经济与管理, 2016, 38 (3): 61 – 72.

[155] 张红霞, 张益. 国别属性重要吗? 代言人与广告效果关系研究的新视角 [J]. 心理学报, 2010, 42 (2): 304 – 316.

[156] 张宏梅, 蔡利平. 国家形象与目的地形象: 概念的异同和整合的可能 [J]. 旅游学刊, 2011, 26 (9): 12 – 18.

[157] 张静儒, 陈映臻, 曾祺, 等. 国家视角下的目的地形象模型——基于来华国际游客的实证研究 [J]. 旅游学刊, 2015, 30 (3): 13 – 22.

[158] 张燚, 刘进平, 张锐, 等. 不同属性外国品牌负面信息披露对品牌来源国认知的影响 [J]. 管理学报, 2015, 12 (4): 593 – 601.

[159] 郑毓煌. 中国需要国家营销战略 [J]. 企业界, 2015 (2): 70 – 71.

[160] 周志民, 贺和平, 刘雁妮, 等. 中国人国货意识的形成机理: 基于国家品牌社群视角 [J]. 中国软科学, 2010 (5): 45 – 56.

[161] 庄贵军, 周南, 周连喜. 国货意识、品牌特性与消费者本土品牌偏好——一个跨行业产品的实证检验 [J]. 管理世界, 2006 (7): 85 – 94, 114, 172.

附　　录

一、高介入产品购买决策调查问卷

非常感谢您参与本次问卷调查！本次问卷调查的目的是：了解国家品牌对消费者汽车购买决策的影响，包括认知国家形象、“Made in”形象、认知汽车形象、情感汽车形象、消费者敌意、购买意向和个人信息七大部分。您的意见对我们至关重要！您的信息我们将严格保密。

本调查受到中华人民共和国教育部与北方工业大学的资助，在此表示感谢！

请您在同意的选项前划“√”。对不确定的问题您可以选择“中立”。

（一）认知国家形象

1. 政治

（1）日本的民主化程度高。

①完全不同意；②非常不同意；③不同意；④中立；⑤同意；⑥非常同意；⑦完全同意

（2）日本的政治稳定。

①完全不同意；②非常不同意；③不同意；④中立；⑤同意；⑥非常同意；⑦完全同意

（3）日本积极参与国际事务。

①完全不同意；②非常不同意；③不同意；④中立；⑤同意；⑥非常同意；⑦完全同意

（4）在国际事务中，各国对日本的态度友好。

①完全不同意；②非常不同意；③不同意；④中立；⑤同意；⑥非常同意；⑦完全同意

2. 经济

（1）日本经济发达。

①完全不同意；②非常不同意；③不同意；④中立；⑤同意；⑥非常同意；⑦完全同意

(2) 日本经济发展迅速。

①完全不同意；②非常不同意；③不同意；④中立；⑤同意；⑥非常同意；⑦完全同意

(3) 日本的生活水平高。

①完全不同意；②非常不同意；③不同意；④中立；⑤同意；⑥非常同意；⑦完全同意

3. 历史/文化

(1) 日本历史悠久。

①完全不同意；②非常不同意；③不同意；④中立；⑤同意；⑥非常同意；⑦完全同意

(2) 日本有博大精深的文化。

①完全不同意；②非常不同意；③不同意；④中立；⑤同意；⑥非常同意；⑦完全同意

(3) 日本有丰富的历史文化遗产。

①完全不同意；②非常不同意；③不同意；④中立；⑤同意；⑥非常同意；⑦完全同意

4. 技术

(1) 日本的工业化水平高。

①完全不同意；②非常不同意；③不同意；④中立；⑤同意；⑥非常同意；⑦完全同意

(2) 日本的技术研发水平高。

①完全不同意；②非常不同意；③不同意；④中立；⑤同意；⑥非常同意；⑦完全同意

(3) 日本的科技发达。

①完全不同意；②非常不同意；③不同意；④中立；⑤同意；⑥非常同意；⑦完全同意

(二) “Made in” 形象

1. 创新

(1) 日本产品的科技含量高。

①完全不同意；②非常不同意；③不同意；④中立；⑤同意；⑥非常同意；

⑦完全同意

（2）日本产品技术先进。

①完全不同意；②非常不同意；③不同意；④中立；⑤同意；⑥非常同意；⑦完全同意

（3）日本产品创新性强。

①完全不同意；②非常不同意；③不同意；④中立；⑤同意；⑥非常同意；⑦完全同意

2. 设计

（1）日本产品外观精美。

①完全不同意；②非常不同意；③不同意；④中立；⑤同意；⑥非常同意；⑦完全同意

（2）日本产品式样新潮。

①完全不同意；②非常不同意；③不同意；④中立；⑤同意；⑥非常同意；⑦完全同意

（3）日本产品种类丰富。

①完全不同意；②非常不同意；③不同意；④中立；⑤同意；⑥非常同意；⑦完全同意

3. 声望

（1）日本产品名声显赫。

①完全不同意；②非常不同意；③不同意；④中立；⑤同意；⑥非常同意；⑦完全同意

（2）日本产品地位崇高。

①完全不同意；②非常不同意；③不同意；④中立；⑤同意；⑥非常同意；⑦完全同意

（3）日本产品的品牌声誉卓越。

①完全不同意；②非常不同意；③不同意；④中立；⑤同意；⑥非常同意；⑦完全同意

4. 工艺

（1）日本产品可靠性高。

①完全不同意；②非常不同意；③不同意；④中立；⑤同意；⑥非常同意；⑦完全同意

（2）日本产品耐用性强。

①完全不同意；②非常不同意；③不同意；④中立；⑤同意；⑥非常同意；

⑦完全同意

（3）日本产品工艺精湛。

①完全不同意；②非常不同意；③不同意；④中立；⑤同意；⑥非常同意；⑦完全同意

（三）认知汽车形象

（1）日系车节能省油。

①完全不同意；②非常不同意；③不同意；④中立；⑤同意；⑥非常同意；⑦完全同意

（2）日系车的外观造型有吸引力。

①完全不同意；②非常不同意；③不同意；④中立；⑤同意；⑥非常同意；⑦完全同意

（3）日系车的操控性好。

①完全不同意；②非常不同意；③不同意；④中立；⑤同意；⑥非常同意；⑦完全同意

（4）日系车的保养费用低。

①完全不同意；②非常不同意；③不同意；④中立；⑤同意；⑥非常同意；⑦完全同意

（5）日系车非常舒适。

①完全不同意；②非常不同意；③不同意；④中立；⑤同意；⑥非常同意；⑦完全同意

（6）日系车安全性好。

①完全不同意；②非常不同意；③不同意；④中立；⑤同意；⑥非常同意；⑦完全同意

（四）情感汽车形象

（1）对拥有一辆日系车，我感到兴奋。

①完全不同意；②非常不同意；③不同意；④中立；⑤同意；⑥非常同意；⑦完全同意

（2）对拥有一辆日系车，我感到快乐。

①完全不同意；②非常不同意；③不同意；④中立；⑤同意；⑥非常同意；⑦完全同意

（3）对拥有一辆日系车，我感到自豪。

①完全不同意；②非常不同意；③不同意；④中立；⑤同意；⑥非常同意；⑦完全同意

（4）对拥有一辆日系车，我感到满足。

①完全不同意；②非常不同意；③不同意；④中立；⑤同意；⑥非常同意；⑦完全同意

（五）消费者敌意

1. 一般敌意

（1）我对日本感到愤怒。

①完全不同意；②非常不同意；③不同意；④中立；⑤同意；⑥非常同意；⑦完全同意

（2）我不喜欢日本。

①完全不同意；②非常不同意；③不同意；④中立；⑤同意；⑥非常同意；⑦完全同意

（3）若购买日系车，我会感受到很强的社会压力。

①完全不同意；②非常不同意；③不同意；④中立；⑤同意；⑥非常同意；⑦完全同意

2. 战争敌意

（1）因为“二战”，我仍对日本感到愤怒。

①完全不同意；②非常不同意；③不同意；④中立；⑤同意；⑥非常同意；⑦完全同意

（2）我对日本不正视历史感到愤怒。

①完全不同意；②非常不同意；③不同意；④中立；⑤同意；⑥非常同意；⑦完全同意

（3）因为南京大屠杀，我不会原谅日本。

①完全不同意；②非常不同意；③不同意；④中立；⑤同意；⑥非常同意；⑦完全同意

3. 经济敌意

（1）日本正在利用中国。

①完全不同意；②非常不同意；③不同意；④中立；⑤同意；⑥非常同意；⑦完全同意

（2）因为日本与中国进行贸易往来的方式，我对日本感到愤怒。

①完全不同意；②非常不同意；③不同意；④中立；⑤同意；⑥非常同意；⑦完全同意

（3）在中日的贸易往来中，中国比日本更公平。

①完全不同意；②非常不同意；③不同意；④中立；⑤同意；⑥非常同意；⑦完全同意

（六）购买意向

（1）我对日系车很感兴趣。

①完全不同意；②非常不同意；③不同意；④中立；⑤同意；⑥非常同意；⑦完全同意

（2）我会关注日系车。

①完全不同意；②非常不同意；③不同意；④中立；⑤同意；⑥非常同意；⑦完全同意

（3）我希望拥有日系车。

①完全不同意；②非常不同意；③不同意；④中立；⑤同意；⑥非常同意；⑦完全同意

（4）未来我可能会购买日系车。

①完全不同意；②非常不同意；③不同意；④中立；⑤同意；⑥非常同意；⑦完全同意

（5）日系车是物有所值的。

①完全不同意；②非常不同意；③不同意；④中立；⑤同意；⑥非常同意；⑦完全同意

（七）个人信息

（1）您的性别__________。

①男；②女

（2）您的年龄__________。

①18岁以下；②18～28岁；③29～40岁；④41～48岁；⑤49～55岁；⑥56岁及以上

（3）您的教育程度__________。

①高中及以下；②大学专科；③大学本科；④硕士；⑤博士

（4）您的月收入________。

①2000 元以下；②2000～4999 元；③5000～9999 元；④1 万～2 万元；

⑤2 万元以上

（5）您想购买什么价位的汽车？________。

①10 万元以下；②10 万～19 万元；③20 万～29 万元；④30 万～50 万元；

⑤50 万元以上

问卷调查至此结束。再次感谢您的参与！

二、有限型产品购买决策调查问卷

如果您购买、穿着体验过日本的运动鞋（如美津浓、亚瑟士、尤尼克斯等），请填写本问卷；如果没有，请不要填写，以免对研究结果造成干扰。谢谢！

本问卷用于科学研究，填写约需 10 分钟。

我郑重承诺对您的信息严格保密。

（一）日本的国家形象

本部分是想了解您对日本这个国家的整体认知。

1. 日本十分富裕。[单选题][必答题]

①完全不同意；②非常不同意；③不同意；④中立；⑤同意；⑥非常同意；

⑦完全同意

2. 日本经济落后。[单选题][必答题]

①完全不同意；②非常不同意；③不同意；④中立；⑤同意；⑥非常同意；

⑦完全同意

3. 日本生活水平高。[单选题][必答题]

①完全不同意；②非常不同意；③不同意；④中立；⑤同意；⑥非常同意；

⑦完全同意

4. 日本科技发达。[单选题][必答题]

①完全不同意；②非常不同意；③不同意；④中立；⑤同意；⑥非常同意；

⑦完全同意

5. 日本文化独具魅力。[单选题][必答题]

①完全不同意；②非常不同意；③不同意；④中立；⑤同意；⑥非常同意；

⑦完全同意

（二）日本产品形象

本部分是想了解您对“日本制造”的认知。

6. 日本产品质量差。[单选题][必答题]

①完全不同意；②非常不同意；③不同意；④中立；⑤同意；⑥非常同意；⑦完全同意

7. 日本产品享誉全球。[单选题][必答题]

①完全不同意；②非常不同意；③不同意；④中立；⑤同意；⑥非常同意；⑦完全同意

8. 日本产品技术先进。[单选题][必答题]

①完全不同意；②非常不同意；③不同意；④中立；⑤同意；⑥非常同意；⑦完全同意

9. 日本产品耐用性强。[单选题][必答题]

①完全不同意；②非常不同意；③不同意；④中立；⑤同意；⑥非常同意；⑦完全同意

10. 日本产品设计精美。[单选题][必答题]

①完全不同意；②非常不同意；③不同意；④中立；⑤同意；⑥非常同意；⑦完全同意

（三）对日本运动鞋的认知

11. 日本运动鞋的科技含量高。[单选题][必答题]

①完全不同意；②非常不同意；③不同意；④中立；⑤同意；⑥非常同意；⑦完全同意

12. 日本运动鞋十分耐穿。[单选题][必答题]

①完全不同意；②非常不同意；③不同意；④中立；⑤同意；⑥非常同意；⑦完全同意

13. 日本运动鞋适合亚洲人脚型。[单选题][必答题]

①完全不同意；②非常不同意；③不同意；④中立；⑤同意；⑥非常同意；⑦完全同意

14. 日本运动鞋外观精美。[单选题][必答题]

①完全不同意；②非常不同意；③不同意；④中立；⑤同意；⑥非常同意；⑦完全同意

15. 日本运动鞋款式设计独具匠心。[单选题][必答题]

①完全不同意；②非常不同意；③不同意；④中立；⑤同意；⑥非常同意；⑦完全同意

16. 日本运动鞋色彩搭配合理。[单选题][必答题]

①完全不同意；②非常不同意；③不同意；④中立；⑤同意；⑥非常同意；⑦完全同意

（四）对日本的敌意

17. 我对日本感到愤怒。[单选题][必答题]

①完全不同意；②非常不同意；③不同意；④中立；⑤同意；⑥非常同意；⑦完全同意

18. 我喜欢日本。[单选题][必答题]

①完全不同意；②非常不同意；③不同意；④中立；⑤同意；⑥非常同意；⑦完全同意

19. 我不喜欢日本。[单选题][必答题]

①完全不同意；②非常不同意；③不同意；④中立；⑤同意；⑥非常同意；⑦完全同意

20. 因为“二战”，我仍对日本感到愤怒。[单选题][必答题]

①完全不同意；②非常不同意；③不同意；④中立；⑤同意；⑥非常同意；⑦完全同意

21. 我对日本不正视历史感到愤怒。[单选题][必答题]

①完全不同意；②非常不同意；③不同意；④中立；⑤同意；⑥非常同意；⑦完全同意

22. 因为南京大屠杀，我不会原谅日本。[单选题][必答题]

①完全不同意；②非常不同意；③不同意；④中立；⑤同意；⑥非常同意；⑦完全同意

23. 日本正在利用中国。[单选题][必答题]

①完全不同意；②非常不同意；③不同意；④中立；⑤同意；⑥非常同意；⑦完全同意

24. 因为日本与中国进行贸易往来的方式，我对日本感到愤怒。[单选题][必答题]

①完全不同意；②非常不同意；③不同意；④中立；⑤同意；⑥非常同意；⑦完全同意

25. 在中日的贸易往来中，中国比日本更公平。[单选题][必答题]

①完全不同意；②非常不同意；③不同意；④中立；⑤同意；⑥非常同意；⑦完全同意

（五）对日本运动鞋的购买与体验

26. 我经常购买日本运动鞋。[单选题][必答题]

①完全不同意；②非常不同意；③不同意；④中立；⑤同意；⑥非常同意；⑦完全同意

27. 未来我可能还会购买日本运动鞋。[单选题][必答题]

①完全不同意；②非常不同意；③不同意；④中立；⑤同意；⑥非常同意；⑦完全同意

28. 日本运动鞋穿着舒适。[单选题][必答题]

①完全不同意；②非常不同意；③不同意；④中立；⑤同意；⑥非常同意；⑦完全同意

29. 日本运动鞋很适合我的脚型。[单选题][必答题]

①完全不同意；②非常不同意；③不同意；④中立；⑤同意；⑥非常同意；⑦完全同意

30. 穿着日本运动鞋走路与运动非常舒服。[单选题][必答题]

①完全不同意；②非常不同意；③不同意；④中立；⑤同意；⑥非常同意；⑦完全同意

（六）对日本运动鞋的情感

本部分是想了解您对日本运动鞋的喜爱程度。

31. 我喜欢日本运动鞋。[单选题][必答题]

①完全不同意；②非常不同意；③不同意；④中立；⑤同意；⑥非常同意；⑦完全同意

32. 对拥有一双日本运动鞋，我感到兴奋。[单选题][必答题]

①完全不同意；②非常不同意；③不同意；④中立；⑤同意；⑥非常同意；⑦完全同意

33. 对拥有一双日本运动鞋，我感到快乐。[单选题][必答题]

①完全不同意；②非常不同意；③不同意；④中立；⑤同意；⑥非常同意；⑦完全同意

34. 对拥有一双日本运动鞋，我感到自豪。[单选题][必答题]

①完全不同意；②非常不同意；③不同意；④中立；⑤同意；⑥非常同意；⑦完全同意

35. 对拥有一双日本运动鞋，我感到满足。[单选题][必答题]

①完全不同意；②非常不同意；③不同意；④中立；⑤同意；⑥非常同意；⑦完全同意

（七）个人信息

36. 您的性别：[单选题][必答题]

①男；②女

37. 您的年龄段：[单选题][必答题]

①18 岁以下；②18～25 岁；③26～30 岁；④31～40 岁；⑤41～50 岁；⑥51～60 岁；⑦61 岁以上

38. 您每月用于购买运动装备的开支：[单选题][必答题]

①200 元以下；②200～499 元；③500～999 元；④1000～1999 元；⑤2000 元以上

39. 您参加运动的频率：[单选题][必答题]

①每天都运动；②两三天运动一次；③一周运动一次；④几乎不运动

三、体验型决策调查问卷

非常感谢您参与本次问卷调查！本次问卷调查的目的是：了解您对日本作为旅游目的地的态度，包括认知国家形象、认知目的地形象、情感目的地形象、游客敌意、旅游与体验和个人信息六个部分。您的意见对我们至关重要！您的信息我们将严格保密。

本调查受到中华人民共和国教育部与北方工业大学的资助，在此表示感谢！

请您在同意的选项前划“√”。对于不确定的问题您可以选择“中立”。

（一）认知国家形象

1. 政治

（1）日本的民主化程度高。

①完全不同意；②非常不同意；③不同意；④中立；⑤同意；⑥非常同意；⑦完全同意

（2）日本的政治稳定。

①完全不同意；②非常不同意；③不同意；④中立；⑤同意；⑥非常同意；⑦完全同意

(3) 日本积极参与国际事务。

①完全不同意；②非常不同意；③不同意；④中立；⑤同意；⑥非常同意；⑦完全同意

(4) 在国际事务中，各国对日本的态度友好。

①完全不同意；②非常不同意；③不同意；④中立；⑤同意；⑥非常同意；⑦完全同意

2. 经济

(1) 日本经济发达。

①完全不同意；②非常不同意；③不同意；④中立；⑤同意；⑥非常同意；⑦完全同意

(2) 日本经济发展迅速。

①完全不同意；②非常不同意；③不同意；④中立；⑤同意；⑥非常同意；⑦完全同意

(3) 日本的生活水平高。

①完全不同意；②非常不同意；③不同意；④中立；⑤同意；⑥非常同意；⑦完全同意

3. 历史/文化

(1) 日本历史悠久。

①完全不同意；②非常不同意；③不同意；④中立；⑤同意；⑥非常同意；⑦完全同意

(2) 日本有博大精深的文化。

①完全不同意；②非常不同意；③不同意；④中立；⑤同意；⑥非常同意；⑦完全同意

(3) 日本有丰富的历史文化遗产。

①完全不同意；②非常不同意；③不同意；④中立；⑤同意；⑥非常同意；⑦完全同意

4. 技术

(1) 日本的工业化水平高。

①完全不同意；②非常不同意；③不同意；④中立；⑤同意；⑥非常同意；⑦完全同意

(2) 日本的技术研发水平高。

①完全不同意；②非常不同意；③不同意；④中立；⑤同意；⑥非常同意；⑦完全同意

（3）日本的科技发达。

①完全不同意；②非常不同意；③不同意；④中立；⑤同意；⑥非常同意；⑦完全同意

（二）认知目的地形象

1. 吸引物

（1）日本有众多历史遗址。

①完全不同意；②非常不同意；③不同意；④中立；⑤同意；⑥非常同意；⑦完全同意

（2）日本有众多博物馆。

①完全不同意；②非常不同意；③不同意；④中立；⑤同意；⑥非常同意；⑦完全同意

（3）日本的自然风光优美。

①完全不同意；②非常不同意；③不同意；④中立；⑤同意；⑥非常同意；⑦完全同意

（4）日本有很多特色美食。

①完全不同意；②非常不同意；③不同意；④中立；⑤同意；⑥非常同意；⑦完全同意

2. 服务设施

（1）日本的夜生活丰富多彩。

①完全不同意；②非常不同意；③不同意；④中立；⑤同意；⑥非常同意；⑦完全同意

（2）日本的娱乐设施丰富。

①完全不同意；②非常不同意；③不同意；④中立；⑤同意；⑥非常同意；⑦完全同意

（3）日本有众多购物场所。

①完全不同意；②非常不同意；③不同意；④中立；⑤同意；⑥非常同意；⑦完全同意

（4）日本的住宿设施完善。

①完全不同意；②非常不同意；③不同意；④中立；⑤同意；⑥非常同意；⑦完全同意

（5）日本的餐饮设施完善。

①完全不同意；②非常不同意；③不同意；④中立；⑤同意；⑥非常同意；⑦完全同意

3. 阻碍

（1）去日本旅游很方便。

①完全不同意；②非常不同意；③不同意；④中立；⑤同意；⑥非常同意；⑦完全同意

（2）在日本旅游时，我的人身安全能得到保障。

①完全不同意；②非常不同意；③不同意；④中立；⑤同意；⑥非常同意；⑦完全同意

（3）日本的环境卫生水平高。

①完全不同意；②非常不同意；③不同意；④中立；⑤同意；⑥非常同意；⑦完全同意

4. 氛围

（1）日本具有异域风情。

①完全不同意；②非常不同意；③不同意；④中立；⑤同意；⑥非常同意；⑦完全同意

（2）日本具有探险氛围。

①完全不同意；②非常不同意；③不同意；④中立；⑤同意；⑥非常同意；⑦完全同意

（3）日本人很友好。

①完全不同意；②非常不同意；③不同意；④中立；⑤同意；⑥非常同意；⑦完全同意

（三）情感目的地形象

（1）去日本旅游是令人愉快的。

①完全不同意；②非常不同意；③不同意；④中立；⑤同意；⑥非常同意；⑦完全同意

（2）去日本旅游是令人兴奋的。

①完全不同意；②非常不同意；③不同意；④中立；⑤同意；⑥非常同意；⑦完全同意

（3）去日本旅游是令人放松的。

①完全不同意；②非常不同意；③不同意；④中立；⑤同意；⑥非常同意；⑦完全同意

（四）游客敌意

1. 一般敌意

（1）我对日本感到愤怒。

①完全不同意；②非常不同意；③不同意；④中立；⑤同意；⑥非常同意；⑦完全同意

（2）我不喜欢日本。

①完全不同意；②非常不同意；③不同意；④中立；⑤同意；⑥非常同意；⑦完全同意

（3）若去日本旅游，我会感受到很强的社会压力。

①完全不同意；②非常不同意；③不同意；④中立；⑤同意；⑥非常同意；⑦完全同意

2. 战争敌意

（1）因为“二战”，我仍对日本感到愤怒。

①完全不同意；②非常不同意；③不同意；④中立；⑤同意；⑥非常同意；⑦完全同意

（2）我对日本不正视历史感到愤怒。

①完全不同意；②非常不同意；③不同意；④中立；⑤同意；⑥非常同意；⑦完全同意

（3）因为南京大屠杀，我不会原谅日本。

①完全不同意；②非常不同意；③不同意；④中立；⑤同意；⑥非常同意；⑦完全同意

3. 经济敌意

（1）日本正在利用中国。

①完全不同意；②非常不同意；③不同意；④中立；⑤同意；⑥非常同意；⑦完全同意

（2）因为日本与中国进行贸易往来的方式，我对日本感到愤怒。

①完全不同意；②非常不同意；③不同意；④中立；⑤同意；⑥非常同意；⑦完全同意

（3）在中日的贸易往来中，中国比日本更公平。

①完全不同意；②非常不同意；③不同意；④中立；⑤同意；⑥非常同意；⑦完全同意

（五）旅游与体验

（1）我经常赴日旅游。

①完全不同意；②非常不同意；③不同意；④中立；⑤同意；⑥非常同意；⑦完全同意

（2）未来我还会赴日旅游。

①完全不同意；②非常不同意；③不同意；④中立；⑤同意；⑥非常同意；⑦完全同意

（3）我很享受赴日旅游的过程。

①完全不同意；②非常不同意；③不同意；④中立；⑤同意；⑥非常同意；⑦完全同意

（4）我认为赴日旅游决策是明智的。

①完全不同意；②非常不同意；③不同意；④中立；⑤同意；⑥非常同意；⑦完全同意

（5）赴日旅游的体验符合我的预期。

①完全不同意；②非常不同意；③不同意；④中立；⑤同意；⑥非常同意；⑦完全同意

（六）个人信息

（1）您的性别__________。

①男；②女

（2）您的年龄__________。

①18 岁以下；②18～28 岁；③29～40 岁；④41～48 岁；⑤49～55 岁；⑥56 岁及以上

（3）您的教育程度__________。

①高中及以下；②大学专科；③大学本科；④硕士；⑤博士

（4）您的月收入__________。

①2000 元以下；②2000～4999 元；③5000～9999 元；④1 万～2 万元；⑤2 万元以上

（5）您平均每年用于旅游的支出__________。

①2000 元以下；②2000 ~ 4999 元；③5000 ~ 9999 元；

④1 万 ~ 2 万元；⑤2 万元以上

问卷调查至此结束。再次感谢您的参与！